Bernhard Moestl

Lächeln ist
die beste Antwort

Bernhard Moestl

Lächeln ist die beste Antwort

88 Wege asiatischer Gelassenheit

Besuchen Sie uns im Internet:
www.knaur.de

Copyright © 2015 bei
Verlagsgruppe Droemer Knaur GmbH & Co. KG, München.
Alle Rechte vorbehalten. Das Werk darf – auch teilweise – nur mit
Genehmigung des Verlags wiedergegeben werden.
Covergestaltung: ZERO Werbeagentur, München
Coverabbildung: FinePic®, München
Innenillustrationen: Traditional Japanese Patterns and colors
Dye Stencils of Old Edo and Traditional Colors.
First Edition December 1.2008
Design: Takashi Kitao (roso design office)
Published by Seigensha Art Publishing. Inc.
Higashi-iru. Karasuma-Sanjo, Nakagyo-ku, Kyoto, 604-8136, Japan
http://www.seigensha.com
Satz und Layout: Veronika Preisler, München
Druck und Bindung: CPI books GmbH, Leck
ISBN 978-3-426-65561-0

2   4   5   3   1

Für Marianne,
die mich gelehrt hat, dass die größte Freude
oft aus dem Kleinen kommt

*Das Leben meistert man
lächelnd oder gar nicht.*

(aus China)

Lerne zu lächeln

Als ich vor mittlerweile fast fünfundzwanzig Jahren auf dem alten Flughafen von Bangkok das erste Mal asiatischen Boden betrat, sollte das mein Leben verändern. Zwar habe ich seitdem große Teile der Welt bereist, mich aber nirgends je wieder so zu Hause gefühlt wie in Asien. Oft wurde und werde ich danach gefragt, was mich eigentlich an dieser Gegend der Erde so sehr begeistert, dass ich immer wieder dorthin zurückkehre. Ich könnte jetzt das auch heute ruhigere, unkompliziertere Leben erwähnen, die Tatsache, dass es dort, wo ich mich meistens aufhalte, keinen kalten Winter gibt, oder auch das wunderbare Essen. Das alles wäre richtig und würde doch am Kern dessen vorbeigehen, was mich am meisten fasziniert: das erstaunliche Wesen der Menschen, das sich in ihrem berühmten Lächeln ausdrückt. Schon nach meinem ersten Aufenthalt beschrieb ich meine Begeisterung mit den Worten: »Lächle einen dir unbekannten Asiaten an, und er lächelt zurück. Ein Europäer hingegen schaut irritiert weg und denkt sich, dass mit dir etwas nicht stimmt.«

Dennoch hat das asiatische Lächeln entgegen einer weitverbreiteten Meinung nicht wirklich etwas mit Fröhlichkeit zu tun. Vielmehr handelt es sich um eine Geisteshaltung, welche die Kinder von klein auf lernen. Lächeln kann Zuneigung symbolisieren, Distanz erzeugen, aber auch Emotionen verbergen. Daher gibt es auch ein Lächeln für jede Situation. Strahlend über das ganze Gesicht lächelt, wer sich freut, während ein Lächeln nur mit dem Mund bedeutet, dass das Gegenüber eine offensichtliche Aufforderung zum Kampf ablehnt oder versucht, seine wahre Absicht geheim zu halten – eine Strategie, die in China seit Jahrhunderten unter dem Namen »Hinter dem Lächeln den Dolch verbergen« bekannt ist. Gleichzeitig, so habe ich im Laufe der Jahre gelernt, hat Lächeln eine wunderbare Schutzfunktion. So zählt es für mich zu den schönsten Beispielen für die Wechselwirkung von Körper und Geist. Normalerweise lächeln wir, weil wir einen Grund haben. Aber warum sollte das nicht auch umgekehrt funktionieren? Probieren Sie es am besten einfach einmal aus. Wenn Sie das nächste Mal so richtig zornig sind, dass Sie am liebsten alles kurz und klein schlagen würden, dann zwingen Sie sich mitten in diesem Zorn ganz bewusst dazu, zu lächeln. Sie werden mit Erstaunen bemerken, wie schnell sich zuerst Ihre Körperhaltung, dann Ihr Atem und kurz darauf Ihre Stimmung verändern.

Wer lächelt, so haben mich die Asiaten gelehrt, ist immer der Stärkere. Denn das Leben, so weiß man dort schon lange, meistert man lächelnd oder gar nicht.

Was spricht gerade dort für ein Lächeln, wo es Ihnen am schwersten fällt?

ZÄHME DEINEN VERSTAND

Vor einiger Zeit hatte ich ein Gespräch mit einem Mönch aus Shaolin, bei dem wir nach einiger Zeit auch auf das Thema Meditation und »Zen« kamen. »Irgendwie ist es schon erstaunlich«, meinte mein Gesprächspartner belustigt. »Als ich in Deutschland das erste Mal gefragt wurde, ob ich auch ›Zen‹ praktiziere, wusste ich überhaupt nicht, wovon eigentlich die Rede ist! Bis mir jemand erklärt hat, dass es um die Philosophie unseres Klostergründers Boddhidharma geht, die bei uns ›Chan‹ heißt.«
Auch wenn heute Shaolin vorwiegend mit der Kunst des waffenlosen Kampfes assoziiert wird, war es ursprünglich jene Idee des »Nichtdenkens«, die das Kloster und seinen Gründer Boddhidharma berühmt gemacht hat. Von Shaolin fand die Philosophie den Weg über Vietnam und Korea schließlich nach Japan, wo sie erst jenen Namen erhielt, unter dem man sie heute in vielen Sprachen als Zen kennt. So unbekannt wie ihre Herkunft ist den meisten Menschen der Inhalt dieser faszinierenden Weltanschauung, deren Anwendung im täglichen Leben von großem Nutzen sein kann. Vereinfacht gesagt, ist es das grundlegende Ziel des Zen, es dem Übenden zu ermöglichen, seinen Verstand auszuschalten. Das mag jetzt in unserer Gesellschaft, in der Verstand alles ist, seltsam klingen. Auch wenn es das nicht ist. Schließlich hat der mensch-

liche Verstand seine Schattenseiten. Häufig, so hatte schon Boddhidharma erkannt, bringt er uns nämlich nicht wie vermutet weiter, sondern ist vielmehr ein Hindernis, das uns so manche wertvolle Einsicht verwehrt.

Überlegen Sie nur einmal, wie oft Sie eine Annahme mit den Worten in Frage stellen: »Warum bitte sollte das so sein?« Was aber, wenn es dann eben doch so ist?

An diesem Punkt setzt nun die Idee des Zen an. Sobald es uns gelingt, eine Information unbewertet anzunehmen, erhalten wir Zugang zu Erkenntnissen, die uns sonst verborgen blieben.

So hat mein Meister meine Frage nach dem Wesen des Zen einmal folgendermaßen beantwortet: »Stelle dir vor, da draußen auf der Straße ginge ein Mann, der wüsste, was nach dem Tod passiert. Woher auch immer, stell dir einfach vor, er wüsste es. Nun wäre dieser Mann bereit, hereinzukommen und dir zu berichten. Ich nehme an, dass dich das ja durchaus interessieren würde, oder? Das Problem ist nun, dass dir dieser Mann nicht helfen kann. Denn jede Information, die du von ihm erhältst, wäre für dich wertlos. Nicht etwa, weil sie falsch oder nicht exakt wäre. Der Mann würde dir alles ganz genau erzählen. Aber dein Verstand wäre im Weg. ›Ist ja alles schön und gut‹, würdest du nämlich sagen, ›aber woher bitte sollte der Herr das denn wissen?‹ Deine Zweifel erhielten umso mehr Kraft, je mehr seine Ausführungen von deinen Wünschen und Vorstellungen abwichen. Lass es mich zusammenfassen: Der Grund, warum dir diese Einsicht verwehrt bleibt, ist nicht unser Besucher. Das Hindernis liegt vielmehr ganz allein in dir. Dein Verstand wertet. Und verhindert dadurch mehr, als du dir jemals vorstellen möchtest.«

Im Alltagsleben sieht das dann so aus, dass jemand uns etwas erzählen will, was für uns durchaus nützlich wäre. Da wir aber schon nach den ersten Worten zu wissen glauben, dass die Ansichten unseres Gegenübers mit Sicherheit falsch sind, stellen wir interessiert nickend das Zuhören ein und bringen uns selbst um eine wichtige Information oder vielleicht sogar um eine große Chance. In dem Moment, in dem sich unser Verstand einschaltet, stellen wir vom Aufmerksamkeits- auf den Ergänzungsmodus um und wissen gleichsam schon, wie die Geschichte ausgehen wird. Weitere Details, so glauben wir dann, sind nicht mehr notwendig.

Ein Angreifer, dem diese Tatsache bekannt ist, kann sie perfekt dazu nutzen, den Gegner in seinem Sinne zu manipulieren. Er muss dazu nicht einmal lügen, denn die gewünschte Unwahrheit dichtet sich das Opfer bereitwillig selbst.

So war beispielsweise vor einiger Zeit auf einem großen österreichischen Nachrichtenportal zu lesen: »Mann nach Polizeieinsatz tot.« Ganz spontan: Was denken Sie, dass da passiert ist?

Ehrlich gesagt: Ich persönlich bin, wie wohl die meisten anderen Leser auch, davon ausgegangen, dass der Mann von der Polizei getötet wurde. Zumal es nicht das erste Mal gewesen wäre. Doch ein Klick auf die Schlagzeile öffnete ein Fenster mit weiteren Informationen.

Dort war dann zu erfahren, dass der Mann sich vor dem Zugriff der Sondereinheit selbst in den Kopf geschossen hatte. Wie viele Leser aber, so frage ich mich, haben auf diesen Klick verzichtet und all ihre weiteren Entscheidungen auf Basis der vermeintlichen Tatsache getroffen, dass der Mann ein Opfer der Polizei geworden ist?

Zähmen Sie Ihren Verstand. Denn wer zuhören kann, ohne zu werten, wird bald Dinge erfahren, die er zwar vielleicht nicht verstehen, aber trotzdem ganz gut gebrauchen kann.

Wer könnte etwas über ein Leben nach dem Tod wissen?

Denke erschaffend

Möchte man als Europäer den asiatischen Kontinent bereisen, so muss man dort wohl mehr als anderswo in der Lage sein, positiv zu denken. Auch wenn damit nicht die bei uns noch immer weitverbreitete Technik gemeint ist, sich Unschönes schönzureden. Um es an einem extremen Beispiel zu zeigen: Kein Asien-Reisender, der unabsichtlich Zeuge einer bewaffneten Auseinandersetzung wird, würde jemals denken: »Ach wie fein, jetzt sehen wir wenigstens auch einmal einen Krieg!«

Mit dem Verdrängen von Wahrheit hat die ursprüngliche Idee des positiven Denkens aber ohnehin nichts zu tun. Das lateinische Wort »ponere«, von dem sich das Partizip »positus« und das englische »to put« ableiten, bedeutet: etwas zu legen, zu setzen, zu stellen. Darin schwingt nichts von dem gemeinhin darunter verstandenen »schön« oder »gut« mit.

Worum aber geht es dann, wenn ich über positives Denken schreibe?

Lassen Sie es mich an einem Beispiel aus meinem Lieblingskontext erklären, dem Reisen. Gehen Sie einmal in Asien, es ist eigentlich nicht wichtig, in welchem Land Sie das tun, in ein Reisebüro, um Ihre weiteren Schritte zu planen. Sofort wird man Ihnen eine Reihe vorgefertigter Touren vorschlagen, aus denen Sie eine auswählen können. Das mag sich jetzt nach angenehm wenig Arbeit anhören, hat aber einen Haken. Denn egal, in welche Agentur Sie auch gehen werden, das angebotene Programm wird mehr oder weniger immer das gleiche sein. Solche Touren werden Sie selbstverständlich an die touristisch interessantesten Orte führen (oder zumindest an jene, die der Veranstalter – aus welchen Gründen auch immer – dafür hält).

Was aber, wenn Sie auch einmal etwas anderes sehen möchten? Dann kommen Sie mit dieser von einer negativen Denkhaltung geprägten Auswahltechnik nicht weiter. Negativ deshalb, weil es sich vom lateinischen »negare« ableitet, das auf Deutsch so viel wie »etwas ablehnen« bedeutet. Wie Sie sehen, hat das Wort »negativ« mit »schlecht« genauso wenig zu tun wie »positiv« mit »gut«. Ein negativ denkender Mensch ist also kein Pessimist, er weiß aber, vereinfacht gesagt, ausschließlich, was er nicht will. In der Folge wird er, und das ist an diesem Beispiel schön zu sehen, eigene Ideen ablehnen und stets aus dem auswählen, was ihm von anderen vorgeschlagen wird. Den Vorschlag aber machen, wie Sie wahrscheinlich bereits erraten haben, jene Menschen, die in der Lage sind, positiv zu denken.

Folgen Sie jedoch nur den ausgetretenen Pfaden, dann hat das irgendwann Auswirkungen auf die Frage, ob Sie Ihren Lebensweg selbst planen möchten oder auch das lieber anderen überlassen.

Natürlich ist es anstrengend, sich über mögliche Ziele zu informieren, gerade in einem für uns fremden Umfeld wie Asien, und dann noch einem Reisebürobesitzer Widerstand zu leisten, der natürlich seine eigenen Interessen vertritt. Freundlich lächelnd wird er dem schwachen Geist wiederholt erklären, dass die geplante Route für einen Unerfahrenen leider viel zu schwierig sei und man sich doch lieber für jene Tour entscheiden solle, bei welcher er die meiste Provision bekommt. Aber was wäre die Alternative? Reisen Sie nicht eigentlich, um neue Wege zu begehen und etwas für sich selbst zu entdecken? Oder ziehen Sie es vor, es bequem zu haben – und sich nachher zu beklagen, was Sie alles versäumt haben?

Wenn Sie in Ihrem Leben wirklich etwas verändern möchten, dann müssen Sie lernen, positiv zu denken. Unvoreingenommen zu sein. Ideen zu haben, statt diese nur abzulehnen. Das Wissen darüber, was Sie nicht wollen, bringt Sie nämlich mit Sicherheit nirgendwo hin.

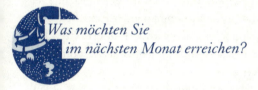

Was möchten Sie im nächsten Monat erreichen?

五

Lass die anderen tun

Auch wenn China und Hongkong rechtlich zum selben Staat gehören, handelt es sich dennoch um zwei getrennte Länder. Das merkt man an der unterschiedlichen Sprache, den verschiedenen Währungen, den Grenzkontrollen und nicht zuletzt daran, dass sich Warenangebot und Preise in beiden Regionen deutlich unterscheiden. Vieles von dem, was man in Hongkong an jeder Ecke bekommt, ist in China oft nur sehr schwer und zu überhöhten Preisen erhältlich. Ein Umstand, den findige Bewohner natürlich zu nutzen wissen.

So beobachtete ich einmal auf dem Weg von der ehemaligen britischen Kronkolonie in das sogenannte »Hauptland« eine interessante Szene. Ich war gerade mit der Metro unterwegs zur Grenze, als sich im Waggon plötzlich eine hektische Betriebsamkeit entwickelte. Etwa zwanzig Chinesen unterschiedlichsten Alters, die bis vor wenigen Minuten ruhig auf ihren Plätzen gesessen hatten, standen auf und begannen, ihre Reisetaschen auszupacken. Zum Vorschein kam eine riesige Menge Bluejeans. Mit offensichtlich großer Routine begannen sie, diese über ihre ursprüngliche Kleidung anzuziehen. Nach nur wenigen Minuten steckten alle in mindestens drei, manche sogar in vier oder fünf Hosen. Was sich auf diese Art nicht direkt am Körper tragen ließ, wurde in die Jacke oder unter den Pullover gestopft und machte die betreffende Person

zwar etwas behäbiger, aber noch nicht unbedingt auf-
fällig. Kaum waren die etwa einhundert Jeans auf diese
Art »verarbeitet«, wurden die leeren Taschen ineinander-
gesteckt und von einem Chinesen eingesammelt. Ver-
wunderlich fand ich damals, dass sich diese Aktion,
obwohl offen gesetzwidrig, vor den Augen aller anderen Fahrgäste abspielte. Noch verwunderlicher fand ich
allerdings, dass niemand darauf reagierte. Obwohl hier
ganz offensichtlich ein Schmuggel vorbereitet wurde, gab
es weder empörtes Raunen noch hektische Telefonate.
Ganz im Gegenteil nahmen die Mitreisenden die Aktion
mit ähnlichem Interesse zur Kenntnis wie die draußen
vorbeiziehende Landschaft.
Damit hier kein falscher Eindruck entsteht: Dieses Verhalten hat nichts mit mangelnder Zivilcourage zu tun.
Die meisten Chinesen haben vielmehr ein sehr feines Gefühl dafür, was sie interessieren muss und was ihnen
gleichgültig sein kann. Das hat auch zur Folge, dass man
einen Menschen aus diesem Kulturkreis viel schwerer
provozieren kann. Solange sein Verhalten keinem anderen schadet, so die weitverbreitete Einstellung, möge
jeder tun, was er glaubt, tun zu müssen. Eine Haltung,
die sich im gesamten asiatischen Raum findet.
Selbst in Indien ist das so. Dort gibt es im Norden des
Landes eine Art Priester, die aus religiösen Gründen jede
Art von Bekleidung ablehnen. Die als »Nacktsaddhus«
bekannten Geistlichen halten ebenso unbekleidet Zere-
monien ab, wie sie einkaufen gehen oder gesellschaftliche
Anlässe wahrnehmen. Faszinierend war für mich immer,
zu beobachten, dass sich in ihrer Umgebung tatsächlich
niemand darüber Gedanken machte, ob es richtig oder
falsch ist, dass diese Männer nackt sind. Es ist so, und aus.

Auch für Touristen, die in ihrer Heimat mit ihrem Aussehen Skandale provozieren, ist es in asiatischen Ländern so gut wie unmöglich, in irgendeiner Form unangenehm aufzufallen. Ich sage immer, selbst wenn jemand den Kopf unter dem Arm statt auf dem Hals trüge, würden die Menschen es wohl nur interessiert nickend zur Kenntnis nehmen.

Was ich daraus gelernt habe? Dass es im Grunde völlig gleichgültig ist, was ein anderer tut. Wer wie aussieht, wer was macht – solange wir es nicht ändern können, ist jede Form des Ärgers reine Energieverschwendung. Und unsere ohnehin doch immer so knapp bemessene Zeit können wir mit Sicherheit besser nutzen.

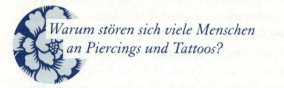

Warum stören sich viele Menschen an Piercings und Tattoos?

Sprich über Missstände

Im Gegensatz zu Europa, wo sich das Jahr in vier Jahreszeiten einteilt, die sich auch deutlich von der Temperatur her unterscheiden, gibt es in großen Teil Asiens, insbesondere in Südostasien, wo ich viele Jahre gelebt habe, davon nur zwei: die Regensaison, in der es heiß und durch den Monsun auch unglaublich feucht ist – und die Trockensaison, in der es nur heiß ist. Den Menschen, die in diesen Breitengraden leben, sind Winter und Kälte unbekannt. Nun hat natürlich auch in Ländern wie Malaysia, um nur ein Beispiel herauszugreifen, die moderne Technik Einzug gehalten und mit ihr so erstaunliche Erfindungen wie die Klimaanlage. Für die Einheimischen dort hat Kälte jedoch eine ganz andere Faszination als für uns, insbesondere die Idee, einen Raum einfach so kühlen zu können. Da sich bei weitem nicht jeder die Kosten für Installation und Unterhalt einer Klimaanlage leisten kann, gelten gekühlte Räumlichkeiten als eine Art Statussymbol. In der Folge sitzt man in den Innenräumen mit Jacke und Halstuch, um sich nicht zu erkälten.

Seit geraumer Zeit ist der Trend zur Kälte nicht nur in Einkaufszentren, Bahnhöfen und an anderen öffentlichen Plätzen zu beobachten, sondern erstreckt sich auch auf öffentliche Verkehrsmittel. So sind in Malaysia die Überlandbusse dermaßen stark gekühlt, dass selbst für einen Europäer die ernsthafte Gefahr einer Verkühlung besteht. Noch schlimmer muss das natürlich für die örtliche Bevölkerung sein, denn sobald das Thermometer die 25-Grad-Marke unterschreitet, werden die Jacken geschlossen und oft auch Handschuhe hervorgeholt. Folglich haben die Fahrer der klimatisierten Busse eigene Uniformen, die sie vor der Kälte schützen sollen, und die Passagiere bekommen bei einer Außentemperatur von vierzig Grad Celsius und mehr beim Einsteigen Decken gereicht, in die sie sich zitternd einwickeln.

Ich muss zugeben: Warum jeder diese Eiseskälte akzeptiert und niemand sich darüber beschwert, verstehe ich nicht. Wahrscheinlich hängt das zum einen damit zusammen, dass viele Asiaten grundsätzlich möglichst wenig Energie in Ärger investieren. Wozu mit dem Fahrer streiten, der die Temperatur vielleicht perfekt findet, wenn man sich doch einfach zudecken kann!

Diese Art der Frustrationstoleranz ist nicht so sinnvoll, wie sie auf den ersten Blick vielleicht scheinen mag. Denn selbst wenn viele Asiaten um einiges besser darin sind, Dinge zu akzeptieren, die sie vermeintlich nicht ändern können, kann man es sehr wohl übertreiben. Bei näherem Hinsehen handelt es sich hier schließlich um eine Situation, bei der beide Seiten verlieren. Einerseits die Busunternehmen, weil das Betreiben der Klimaanlagen in Summe eine ganze Menge Sprit und damit Geld kostet. Andererseits die Passagiere, die frieren und damit eine unangenehme Fahrt haben. Trotzdem wird es infolge des beidseitigen Schweigens niemals eine Veränderung geben, weil jeder insgeheim überzeugt ist, es dem anderen ohnehin recht zu machen.

Ich als Europäer, der in Asien dem kalten Winter zu entfliehen versucht, sitze frierend daneben und lerne daraus nicht nur, dass man Missstände offen ansprechen sollte. Sondern auch, dass es selbst den Menschen in so wunderbar warmen Ländern nicht immer gelingt, mit dem zufrieden zu sein, was im Überfluss vorhanden ist – und das sind dort Wärme und Sonnenschein.

Welche Missstände akzeptieren Sie,
ohne sie anzusprechen?

Lebe langsam

Wer wie ich vor vielen Jahren die damals noch »exotischen« Länder Asiens wie Vietnam und Laos bereisen wollte, stand vor einer besonderen Herausforderung: Er musste einen völlig neuen Umgang mit der Zeit lernen. Konnte man sich in Thailand, Malaysia oder China darauf verlassen, dass Busse und Züge auch nach zwanzig Stunden Fahrt auf die Minute pünktlich ankamen, war in den genannten Ländern eher das Gegenteil der Fall. Ich erinnere mich noch gut, dass ich eines Abends nach zwei durchwachten Nächten völlig erschöpft eine Unterkunft in Laos erreichte. Da mein Transitvisum nur drei Tage gültig war, musste ich unbedingt am nächsten Tag weiterreisen. Die Etappe, die ich zurücklegen wollte, betrug etwa einhundertachtzig Kilometer auf einer geraden, ebenen Straße. Ich plante also großzügig fünf Reisestunden für den Nachmittag ein und beschloss, am Vormittag zu schlafen und den Rest für ein gemütliches Frühstück und noch die eine oder andere Besichtigung im Dorf zu nutzen. Die Ernüchterung kam, als ich nach einem Fahrplan fragte. Freundlich lächelnd erklärte mir mein Quartiergeber, dass so etwas nicht existiere. Wozu aber auch? Es gäbe, so erfuhr ich, ohnehin nur einen einzigen Bus am Tag, und der ginge normalerweise um sieben Uhr in der Früh. Manchmal aber auch schon um sechs oder noch früher, zeitweise auch erst um acht oder später. Ich wäre jedenfalls gut beraten, mich zwischen fünf und halb sechs Uhr morgens bei der Haltestelle einzufinden, dann würde ich den Bus mit Sicherheit erreichen. Während der dreizehnstündigen Fahrt gäbe es ja dann ohnehin noch genug Zeit, um zu schlafen.

Auch wenn ich mich des Gefühls nicht erwehren konnte, dass man mit mir hier ein böses Spiel trieb und sich die anderen Fahrgäste, die kurz vor sieben zur Station kämen, über mich krummlachen würden, war ich wie empfohlen kurz vor fünf zur Stelle. Als ich dort mindestens zehn Menschen geduldig warten sah, wurde mir klar, dass einer der großen Unterschiede zwischen der westlichen und östlichen Kultur im Umgang mit der Zeit liegt. Stellen Sie sich doch diese Szene einmal in Europa vor! Das Geschrei wäre wohl bis nach Asien zu hören. Im Westen haben die Menschen alles, nur keine Zeit. Hier ist jede Minute ach so kostbar. Der Mensch steht unter Hochdruck und ist im Stress. Auch wenn wir uns gerne einreden, es wären die anderen schuld, sind allein wir es, die unser Leben immer weiter beschleunigen. Wie schnell alles gehen muss, merkt man schon an unserer Sprache. »Hast du kurz Zeit? Ich würde dir nämlich gerne noch schnell etwas zeigen. Lass mich nur noch rasch etwas fertig machen, dann bin ich sofort bei dir. Dauert auch nicht lange, ich bin ohnehin auf dem Sprung, weil ich noch eben etwas unterschreiben muss.« Das geht so weit, dass wir einem Autobus nachlaufen, obwohl wir eigentlich genug Zeit hätten, erst den übernächsten zu nehmen, und die vermeintlich eingesparte Zeit dann am Zielort absitzen werden. Immer mehr haben wir das Gefühl, Zeit zu vertun. Statt an der Bushaltestelle zu sitzen und zu warten, können wir doch im Büro etwas Sinnvolles tun!

Was aber, so würde ein Asiate Sie fragen, ist sinnvoll? Wieso sollte es sinnvoller sein, Zahlen in einen Computer einzugeben, als an einer Haltestelle die Chance zu haben, mit Menschen zu sprechen, die man wohl nie im Leben wieder sehen wird?

Lernen Sie Langsamkeit. Sonst laufen Sie am Ende noch an Ihrem eigenen Leben vorbei.

Der Narr, so sagt man in China, kennt und sieht nur eins: sein Ziel. Der Weise aber sieht die Blumen am Weges- rand.

Liegt mehr Sinn darin, im Büro oder im Kaffeehaus zu sitzen?

Begeistere dich für das Kleine

Auch wenn in vielen Ländern Asiens mittlerweile die westliche Zeitrechnung Einzug gehalten hat, ist unser Jahreswechsel in manchen Ländern Asiens noch immer ein Tag wie jeder andere. Silvester bedeutet den Menschen dort nur wenig, wenn sie der Tatsache, dass offiziell ein Jahr vergangen ist, überhaupt Beachtung schenken. Die eigentlichen Feiern sind für jenen Tag reserviert, an dem ein neues Tierzeichen die Herrschaft über das Schicksal der Menschen übernimmt. »Mondneujahr« heißt dieses Fest in China, das als Übergang in ein neues Jahr und Beginn des Frühlings alle Hoffnung auf Reichtum und ein glückliches Leben symbolisiert. Auch in anderen Gegenden Asiens, wo es als »Fest des ersten Morgens« bezeichnet wird, gilt diese Zeit (meist reicht ein Tag gar nicht aus, es wird gleich eine ganze Woche gefeiert) als die wichtigste des ganzen Jahres. Lange vorher schon bereiten sich die Menschen darauf vor, putzen die Häuser, schmücken die Geschäfte, begleichen ihre Schulden und stimmen die Götter mit Sonderrationen an Obst, Zigaretten und anderen Gaben in den Hausaltären versöhnlich.

Viele Male durfte ich dieses Fest zusammen mit den Einheimischen verbringen. Besonders eindrucksvoll in Erinnerung geblieben sind mir die Feiern in Nha Trang, einer

Kleinstadt im mittleren Süden Vietnams. Die Sonne war gerade untergegangen, als sich Zehntausende Menschen – und mit ihnen mindestens ebenso viele Motorroller – gemeinsam in Richtung Strand aufmachten. Es wurde geplaudert, gelacht und miteinander gegessen. Trommler in furchterregenden Drachenkostümen fuhren durch die Straßen und nahmen lautstark Abschied vom alten Jahr.

Es war wenige Minuten vor Mitternacht, als sich die ausgelassene Stimmung plötzlich in eine neugierige Stille verwandelte. Ich bemerkte, dass die Menschen intensiv auf das dunkle Meer hinausschauten, und folgte ihren Blicken. Nachdem sich meine Augen an die Dunkelheit gewöhnt hatten, erkannte ich zwei unbeleuchtete Holzboote, die sich langsam und lautlos der Küste näherten. Als zwei Minuten vor dem Jahreswechsel an Bord der Boote Fackeln entzündet wurden, ging ein erwartungsvolles Raunen durch die Menge. Kurz unterhalb der Küste verharrten die Boote in Sichtweite der Menschenmenge am Strand. Dann war es so weit. Auf den Booten wurde das Feuerwerk gezündet. Die Menschen schauten gebannt zum Himmel. Jede Explosion wurde von einem Chor andächtiger »Aaaahs« und »Oooohs« begleitet. Ich stand mitten in dem Getümmel und verstand plötzlich, wie wenig es eigentlich wirklich braucht, um glücklich zu sein. Erstaunt stellte ich fest, wie sehr wir bereits verlernt haben, uns für die kleinen Dinge zu begeistern: nur zwei Boote und ein wenig Feuerwerk. Warum nur muss heute alles immer größer, besser und noch bombastischer sein, damit wir es überhaupt wahrnehmen? Wie viel Freude, die wir einfach im Vorbeigehen mitnehmen könnten, entgeht uns durch diese Unachtsamkeit?

In Vietnam war das Spektakel nach wenigen Minuten vorbei. Zehntausende Vietnamesen starteten beeindruckt ihre Motorroller, auf denen sie die ganze Zeit sitzen geblieben waren, und fuhren zurück nach Hause. Gemessen an unseren Standards war das Feuerwerk klein. Doch umso größer war die Begeisterung der Menschen um mich herum.

Was unterscheidet ein kleines Feuerwerk von einem großen?

九

Nutze dein Bewusstsein

Oft habe ich auch mit Asiaten über die Frage diskutiert, ob Tiere so etwas wie ein menschliches Bewusstsein haben. Ich persönlich bin der Meinung, sie haben es nicht. Erstens begreifen die wenigsten Tiere ihre eigene Vergänglichkeit. Zweitens ermöglicht erst Bewusstsein Besitzdenken und Gier, beides Eigenschaften, die Tieren ganz grundsätzlich fehlen. Denn selbst wenn sie ihre Jagdreviere verteidigen, habe ich noch nie gehört, dass es in der Tierwelt die Idee gäbe, ein nicht genutztes Revier gewinnbringend zu verpachten.

Das Hauptargument für mich aber ist, dass unser Bewusstsein ein Werkzeug für Veränderung ist. Richtig eingesetzt, ermöglicht es uns, auf eine andere Art zu handeln, als wir meinen, handeln zu müssen. Anders ausgedrückt, können wir jene Wege gehen, für die wir uns selbst entscheiden, und mit etwas Übung sogar die Prägungen aus der Kindheit, gute wie schlechte Erfahrungen oder Provokationen außen vor lassen. Egal, wie sehr uns jemand zum Kampf herausfordert, wir haben stets die Möglichkeit, diese Einladung bewusst zu ignorieren. Tiere, denen unsere Form des Bewusstseins fehlt, haben diese Wahl nicht.

Stellen Sie sich nur einen Tiger vor, der plötzlich Mitleid für seine Opfer empfindet und das tägliche Töten beenden möchte. Denken Sie wirklich, er hätte irgendeine

Chance, Vegetarier zu werden? Sie als Mensch können sich je nach Wunsch für oder gegen diese Ernährungsweise entscheiden, Ihre Ernährung also jederzeit umstellen. Es geht aber noch weiter. Wesen, die über kein Bewusstsein verfügen, aber auch solche, die nicht bereit oder in der Lage sind, dieses wunderbare Werkzeug zu benutzen, müssen tun, was die Natur ihnen vorschreibt. Selbst wenn das nicht immer zu ihrem Vorteil ist.

Deutlich zu sehen ist dies beispielsweise bei den in vielen asiatischen Ländern sehr zahlreichen Straßenhunden. Diese haben nämlich gleich zwei Probleme. Ihres natürlichen Lebensraumes beraubt, sind sie einerseits davon abhängig, dass die Menschen sie füttern. Andererseits aber machen sie sich durch ihr häufig aggressives Verhalten keine Freunde. Manche Asiaten fürchten sie, andere hassen sie, und so lernen die Tiere von klein auf, damit zu rechnen, dass ein vermeintlicher Futterspender nach ihnen tritt oder sie schlägt. Nun sollte man meinen, dass die so geprägten Hunde den Menschen respektvoll aus dem Weg gehen und darauf hoffen, dass diese ihnen irgendwo Futter überlassen. Doch weit gefehlt. Selbst kleine Hunde, denen mit Sicherheit bekannt ist, dass sie zumindest einen schmerzhaften Fußtritt riskieren, laufen jedes Mal aufs Neue aggressiv knurrend auf Passanten zu und fordern damit einen übermächtigen Gegner zu einem aussichtslosen Kampf heraus. Sie tun, was der Instinkt ihnen befiehlt, und handeln sich damit am Ende ausschließlich Nachteile ein. Nicht nur, dass die Chance auf Nahrung vertan ist, setzt es im schlimmsten Fall noch Prügel.

Menschen handeln oft auf eine ganz ähnliche Art – wenn auch nicht ganz so offensichtlich. Sie lassen sich seltener zu einem Kampf herausfordern, doch das Prinzip ist das gleiche: Wir geraten aus einer Emotion heraus in einen Streit und vergessen dabei, dass unser Bewusstsein uns eigentlich die Möglichkeit gibt, uns anders zu entscheiden. Stellen Sie sich nur einmal vor, jemand sagt etwas Abwertendes über Ihr Auto, Ihr Telefon oder sonst irgendeines Ihrer Besitztümer. Ohne dass die Meinung des Angreifers wirklich von Bedeutung wäre, geraten Sie in Rage. Da Zorn bekanntlich stark macht, haben Sie plötzlich das Gefühl, es mit wirklich jedem Gegner aufnehmen zu können, und sind, ehe Sie begreifen, was passiert, in einen Kampf verwickelt, den Sie nur verlieren können. Trainieren Sie Ihr Bewusstsein und üben Sie zu denken »Tut mir leid, aber das interessiert mich jetzt gerade überhaupt nicht«. Dann steht auch der stärkste Angreifer mit seiner Attacke plötzlich alleine da.

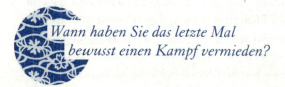

Wann haben Sie das letzte Mal bewusst einen Kampf vermieden?

Beschränke niemals deine Kraft

Eine der für einen asiatischen Kämpfer wohl mit Abstand spektakulärsten Möglichkeiten, die eigenen Fähigkeiten zu demonstrieren, ist der sogenannte Bruchtest. Bei dieser Übung, die ihren Ursprung im alten China hat, geht es nicht um eine im realen Kampf anwendbare Technik, sondern um die Demonstration von Selbstüberwindung und Entschlossenheit. Der Kandidat durchschlägt mit der bloßen Hand- oder Fußkante mehrere Ziegelsteine oder einen Holzblock.

Diese Aufgabe gehörte lange Zeit zu den wichtigsten Prüfungen im Shaolin-Kloster. Nicht nur illustriert sie auf eindrucksvolle Weise, welche körperlichen Fähigkeiten ein Mensch erlangen kann. Sie ist auch ein beeindruckendes Lehrstück, das demonstriert: Unsere Kraft ist allein durch das definiert, von dem wir glauben, dass es uns möglich ist. Eine Tatsache, die mir zum ersten Mal so richtig bewusst geworden ist, als ich in Hongkong im dichten Nebel auf einen Berg gewandert bin. Ich hatte keine Ahnung, wie weit der Weg zum Gipfel war, und der ständige Glaube, er müsse spätestens hinter der nächsten Biegung kommen, ließ mich immer weitergehen. Als ich drei Stunden später mein Ziel endlich erreicht hatte, war die Sicht wieder besser und gab den Blick auf den zurückgelegten Weg frei. Auch wenn ich körperlich an sich eine gute Verfassung habe, erinnere ich mich noch, dass ich an jenem Tag nicht ganz gesund war. Hätte ich zu Beginn der Wanderung die gesamte Strecke überblicken können, ich wäre nie losgegangen. Denn wäre mir vorher klar gewesen, was mich erwartet, hätte ich den Aufstieg wohl nicht einmal probiert.

Was wir daraus lernen können, ist: Jede Einschränkung unserer Möglichkeiten hat ihre Hauptursache nicht in unserem Können, sondern in mangelndem Glauben an Erfolg.

Wussten Sie, dass ein unerfahrener Kämpfer auf ein dickes, scheinbar unzerstörbares Holzstück mit einer viel geringeren Kraft schlägt als auf ein dünnes, bei dem ihm der Erfolg sicher scheint? Genau genommen ist diese Verhaltensweise natürlich exakt verkehrt, und man würde spontan das Gegenteil annehmen. Aber wenn Sie sich die Situation vorstellen, werden Sie erkennen, dass es tatsächlich so ist. Umgekehrt würde der gleiche Kämpfer auf ein Eisenteil mit der ganzen ihm zur Verfügung stehenden Kraft schlagen, wenn dieses nur aussähe wie ein zerbrechliches Stück Holz.

Natürlich verhalten sich nicht nur Kämpfer so. Wir alle investieren aber viel weniger Energie in eine vorgeblich aussichtslose Sache als in etwas, das Erfolg verspricht. Das mag auf den ersten Blick sogar vielleicht logisch und richtig erscheinen. Aber das ist es nicht. Denn erstens stellt sich die Frage, warum wir überhaupt in etwas investieren, wenn wir es von vornherein als sinnlos betrachten. Wäre es da nicht viel effizienter, es gleich zu lassen und so Zeit und Energie zu sparen? Dazu fehlt den meisten Menschen der Mut. Also machen sie eine Sache lieber lieblos als gar nicht. Zweitens, und dieser Punkt ist noch viel schwerwiegender, können wir daraus den Schluss ziehen, dass wir selbst mit unserer Einstellung den Erfolg verhindern! In der irrigen Meinung, unsere Ressourcen ohnehin zu verschwenden, reduzieren wir sie auf jenes Maß, das genau zu dem Ergebnis führt, das wir uns vorgestellt haben. In vorauseilendem Gehorsam limitieren wir mutwillig unsere Kraft, nur um das vorher prognostizierte Scheitern auch tatsächlich herbeizuführen!

Ein Ziel nicht zu erreichen bedeutet nur in den seltensten Fällen, dass tatsächlich etwas gefehlt hat. Die meisten scheitern an nichts anderem als an mangelndem Glauben an die eigene Kraft.

Was bedeutet »unmöglich«?

Erkenne Angriffspunkte

Eines Abends kam mir in Laos »Tourismushauptstadt« Luang Prabang ein buddhistischer Mönch entgegen. Er fragte mich in sehr gutem Englisch, ob ich kurz Zeit hätte, er wolle mir etwas erzählen. Interessiert blieb ich stehen, und er erklärte mir, dass er ein Projekt unterstütze, mit dem armen Kindern geholfen werden solle, die von der laotischen Regierung vernachlässigt würden. Nachdem wir eine Zeit geplaudert hatten, zog der Mönch plötzlich eine Liste hervor, auf der bereits einige westlich klingende Namen und durchaus nicht unerhebliche Beträge standen. Was auch immer ich bereit sei, als Unterstützung zu geben, so forderte er mich auf, solle ich neben meinen Namen und meine Nationalität schreiben. Buddha werde es mir danken. Da ich es nicht sonderlich mag, um Geld gefragt zu werden, und auf Reisen nur ungern mein Portemonnaie hervorhole, zögerte ich. Plötzlich wurde mein Gegenüber unruhig und begann in aggressiverem Ton auf mich einzureden. Es sei ein Projekt für Kinder, und alle auf dieser Liste hätten etwas gespendet! Erst als ich ihm sehr deutlich erklärte, dass ich nicht bereit sei, auch nur einen Cent zu geben, ließ er mich fluchend in Ruhe.

Im Gehen begann ich, die Technik des angeblichen Mönchs zu analysieren. Da mir die bereits eingetragenen Namen inklusive der gespendeten Summen durchaus

plausibel vorkamen, schien sie ganz gut zu funktionieren. Seine Inszenierung begann mit dem roten Umhang
und den kurzgeschorenen Haaren, die selbst einen Fa-
brikarbeiter jedem Ausländer gegenüber umgehend als
buddhistischen Mönch auswiesen. Hätte er die gleiche
Masche in normaler Straßenkleidung durchgezogen, wären die Touristen wohl sofort misstrauisch geworden.
So aber sorgte das Wissen, dass Menschen aus dem Westen östliche Mönche als exotische Autoritäten anerken-
nen und sich geehrt fühlen, von diesen angesprochen zu
werden, automatisch für einen Vertrauensvorschuss. Das
eigentliche Meisterstück aber war die Liste. Dieses Stück
Papier, auf dessen Kopf ein riesiges, wichtig aussehendes
Logo prangte, erfüllte nämlich gleich zwei Aufgaben.
Einerseits gaben die angeblichen – oder tatsächlichen? –
Spenden der Vorgänger einen diskreten Hinweis auf die
empfohlene Höhe der Gabe. Und zweitens machte sie
den Vorgang offiziell. Viele Europäer, so haben die Asiaten schon lange erkannt, lieben Obrigkeiten, vor denen
ein anderer sich verantworten muss. Genau diese Funk-
tion erfüllte diese Liste. Sie sollte dem Spender das Gefühl geben, die Einnahmen würden von einer höheren
Stelle kontrolliert. Das lenkte von der Tatsache ab, dass
sie natürlich eigentlich in die Tasche des angeblichen
Mönchs wanderten.

Aber fänden Sie es nicht auch eigenartig, würde der andere Ihre Spende einfach nehmen und in die Hosentasche
stecken? Da bekommt das mit Liste doch gleich ein anderes Gewicht.

Die Angriffspunkte eines Gegners zu erkennen und zu
nutzen, bevor sie diesem selbst überhaupt bewusst werden, ist eine Vorgehensweise, die man sich merken sollte.

Nie hätte ich nämlich gedacht, dass man allein durch das Ausnutzen von Autoritätsgläubigkeit zu so viel Geld kommen kann.

Wo liegen Ihre Angriffspunkte?

Nimm Druck heraus

Eines Tages, so heißt es in einer Zen-Geschichte, suchte ein junger Mann einen Zen-Meister auf. »Meister«, so fragte er, »wie lange wird es dauern, bis ich Befreiung erlangt habe?« – »Vielleicht zehn Jahre«, antwortete der Meister. – »Und wenn ich mich besonders anstrenge, wie lange dauert es dann?«, fragte der Schüler. – »In diesem Fall kann es zwanzig Jahre dauern«, erwiderte der Meister. – »Ich bin aber bereit, wirklich jede Härte auf mich zu nehmen. Ich will so schnell wie möglich ans Ziel gelangen!«, beteuerte der junge Mann. – »Dann«, erwiderte der Meister, »kann es bis zu vierzig Jahre dauern.«

Eine Begegnung, so könnte man meinen, zwischen einem Asiaten und einem Europäer. Denn wohl wenig ist so typisch für den westeuropäischen Kulturkreis wie die Meinung, Dinge durch nach außen sichtbare Leistung vorantreiben zu können. Einfach geschehen lassen? Kennen die meisten Europäer nicht.

Stellen Sie sich nur einmal vor, ein Selbständiger würde sich wie einst Boddhidharma für neun Jahre in eine Höhle zurückziehen und behaupten, er würde in ununterbrochener Meditation an einem neuen Produkt arbeiten. Ausdrücke wie »arbeitsscheu« und »unfassbar« wären wohl noch das Harmloseste, was er zu hören bekäme. »Was soll denn das heißen, Meditation? Der ist doch einfach nur faul!« Es würde sicher auch nichts helfen, darauf hinzuweisen, dass das Ergebnis einer solchen Meditationssitzung möglicherweise 1500 Jahre Bestand hätte wie Boddhidharmas Zen.

In weiten Teilen Asiens aber fände wohl niemand etwas dabei. Wohl auch deshalb, weil dort vor allem das Resultat zählt und nicht die Anstrengung, die aufgewendet wurde, um es zu erreichen. Doch ganz generell ist dort vielen die Idee des »angestrengten Nachdenkens« suspekt. Auch wenn diese Technik vielleicht nach außen hin Eindruck macht, funktioniert unser Hirn nun einmal so nicht. Im Gegenteil, das menschliche Gehirn ist eher bequem und schätzt es gar nicht, wenn man ihm Druck macht. Das hat zur Konsequenz, dass, wer auf der Suche nach einem kreativen Einfall ist, akzeptieren muss, dass so etwas seine Zeit braucht. Egal, ob man sie hat oder nicht. Versucht man, Tempo zu machen, führt das sehr leicht dazu, dass man plötzlich Ideen genial findet, die normalerweise nicht einmal in die engere Auswahl kämen. Die Hauptsache ist, dass Sie fertig werden.

Haben Sie aber die angemessene Zeit eingeplant, müssen Sie Ihr Gehirn nur mit den notwendigen Fakten und Vorgaben füttern und es dann in Ruhe arbeiten lassen. Tun Sie in der Zwischenzeit ruhig etwas anderes, Ihr Unterbewusstsein meldet Vollzug, wenn es fertig ist. Sie können sich diesen Vorgang vorstellen wie bei einer Waschmaschine. Auch dort legen Sie die Wäsche ein, aktivieren das Programm und kümmern sich um andere Dinge. Schließlich vertrauen Sie zu Recht darauf, dass die Maschine in der Zwischenzeit arbeitet. Kämen Sie deshalb jemals auf die Idee, den Waschvorgang zu beschleunigen, indem Sie alle fünf Minuten nachschauen, wie weit die Wäsche ist? Wohl kaum. Warum aber sollte das in Ihrem Kopf anders sein?

Das aber gilt für sehr vieles: Was immer Sie in Ihrem Leben erreichen wollen, fokussieren Sie sich darauf und nehmen Sie Druck heraus. Es könnte sonst doppelt so lange dauern, bis Sie das Ziel erreicht haben.

Wie kommt man schnell zu einer genialen Idee?

Bewahre dir den Geist des Anfängers

In Shaolin habe ich gelernt, dass manchmal jemand, der nichts von den Prinzipien des Kampfes versteht, ein viel gefährlicherer Gegner sein kann als ein ausgebildeter Kämpfer. Zum einen ist nämlich der Experte, der seine Techniken wieder und wieder geübt und verfeinert hat, in gewisser Weise in seinem Verhalten berechenbar. Schwerwiegender ist andererseits, dass derjenige, der viel von einer Sache versteht, gerne glaubt, er wisse, was nicht geht. Daher ist es gerade der Profi, der den Kampf verliert, noch bevor dieser überhaupt begonnen hat. Einfach, weil er meint, mit seiner Erfahrung auf den ersten Blick zu erkennen, dass eine Situation ohnehin aussichtslos ist.

Sie können sich das vorstellen, als sollten zwei beliebige Personen sich in einem Wettkampf einem Kind stellen, das lange Zeit im Shaolin-Kloster verbracht hat. Der einzige Unterschied zwischen den beiden Kandidaten ist, dass der eine sich seit seiner Jugend mit den dort gelehrten Kampftechniken beschäftigt hat, während der andere den Namen des Ordens noch nie in seinem Leben gehört hat. Was meinen Sie: Wird sich dieses unterschiedliche Wissen auf die Einschätzung des kindlichen Gegners und damit auf die Siegeschancen auswirken? Könnte es sein, dass die Kenntnis der mutmaßlichen Kampfbeherrschung seines Gegners den Experten viel ängstlicher in die Situation gehen lässt als den Ahnungslosen, der nur ein Kind vor sich sieht?

Bewahren Sie sich den Geist eines Anfängers. Lernen Sie, auch Ihnen bekannte Dinge bewusst so zu betrachten, als würden diese Ihnen zum ersten Mal begegnen. Dadurch erhalten Sie sich die Unbefangenheit, um die Denkweise und damit die Bedürfnisse, Wünsche und Ängste von Menschen zu verstehen, die nicht Ihren Wissensstand haben. Gleichzeitig werden Sie wieder in die Lage versetzt, zuzuhören. Vielleicht entdecken Sie dann auch an Ihnen seit langem bekannten Dingen noch ungeahnte Seiten.

»Der Geist des Experten«, hat mein Meister einmal gesagt, »ist voller Angst und Zweifel. Der Geist des Anfängers hingegen ist voll des Vertrauens.« Daher sollten wir uns diesen ein Leben lang bewahren.

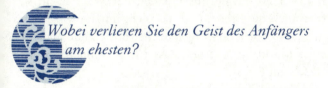

Wobei verlieren Sie den Geist des Anfängers am ehesten?

Reagiere angemessen

»Wenn du etwas in Bangkok nicht findest, dann existiert es nicht.« Treffender als mit diesem Satz kann man das Erstaunen vieler Reisender nicht beschreiben, die das erste Mal vor originalen Ninja-Wurfsternen, gefälschten Presseausweisen, kopierten Bahn-Ermäßigungskarten und täuschend echten Kopien der neuesten Outdoor-Bekleidung stehen. Was hier auf den Straßenmärkten offen inmitten unzähliger Souvenirs angeboten wird, verschlägt bis heute so manchem die Sprache – Internet hin oder her. Und obwohl die Qualität der Ware hoch ist, sind es auch die Preise, und das nicht nur im Vergleich zu thailändischen Löhnen. Manches auf einem thailändischen Markt ist so teuer, dass ich es schlichtweg als unverschämt empfinde.

Dieses Gefühl hatte ich auch, als ich vor vielen Jahren mit meiner Freundin nach einem längeren Aufenthalt in einer günstigeren Gegend Asiens nach Thailand zurückkehrte. Eine ältere Dame verkaufte Ohrringe, die mir zwar gut gefielen, aber ungefähr um das Zehnfache zu teuer waren. Als sich schließlich meine Begleiterin, die ein Stück zurückgeblieben war und meine Frage nach dem Preis nicht mitbekommen hatte, für die Ohrringe interessierte, drängte ich sie verärgert über die empfundene Abzocke dazu, weiterzugehen. Die Verkäuferin, die nicht mitbekommen hatte, dass wir ein Paar waren, bedeutete mir, ich solle umgehend verschwinden. Was ich wiederum mit der Begründung, mich auf einer Straße und damit auf öffentlichem Grund zu befinden, verweigerte. Die Situation eskalierte schließlich, die Dame nahm einen Sessel und ging aufgebracht auf mich los. Um einem ernsthaften Kampf aus dem Weg zu gehen, beschloss ich, die Szene zu verlassen. Dennoch ließ mir die Sache keine Ruhe. Weder war ich mir einer Schuld bewusst, noch wollte ich mich so behandeln lassen. Also suchte ich die am Ende der Straße stationierte Touristen-Polizei auf und schilderte dort den Fall. Begleitet von zwei martialisch aussehenden Beamten, identifizierte ich die Frau, die unter lautstarkem Geschimpfe aufs Revier gebracht wurde. Dort wurden wir beide aufgefordert, die Begebenheit noch einmal zu beschreiben, wobei unsere Versionen naturgemäß voneinander abwichen. Die Verkäuferin wurde daraufhin in ein anderes Zimmer gebracht. Der Polizist meinte, er glaube mir nicht deshalb, weil ich Ausländer sei, sondern vor allem deshalb, weil meine Freundin meine Version bestätigt habe.

Die Frage an mich war nun, was mit der Dame geschehen solle. Vorgesehen waren in so einem Fall beispielsweise drei Nächte in einer Zelle. Weil aber der Fall von mir und nicht von einem Polizisten angezeigt worden war, sei er noch nicht aktenkundig. Daher solle ich gerne selbst einen Vorschlag machen. Nun war ich zwar über das aggressive Verhalten der Verkäuferin verärgert, hatte aber gleichzeitig keinerlei Interesse daran, ihr ernsthaft zu schaden. Im Grunde wollte ich ihr einfach zeigen, dass Touristen sich nicht immer alles gefallen lassen. Also schlug ich dem Beamten vor, die Dame solle sich bei mir entschuldigen. Er notierte den Vorschlag gewissenhaft und verschwand. Aus dem Nebenzimmer hörte ich eine lautstarke Diskussion. Dann erschien meine Kontrahentin. Sie las von einem Zettel eine Entschuldigung ab, die einer der Beamten für sie ins Englische übersetzt hatte, und reichte mir dann, ohne mich eines Blickes zu würdigen, die Hand. Nachdem ich dem Polizisten bestätigt hatte, dass die Sache nun für mich in Ordnung sei, mussten wir beide ein Protokoll unterschreiben und wurden entlassen.

Als ich mir später vorstellte, dass die Polizisten in ihrer Akte beim Punkt Strafe wohl »Entschuldigung beim Gegner« eingetragen hatten, musste ich innerlich lachen. Wie man wohl bei uns auf so etwas reagiert hätte? Schließlich musste hier für eine Einigung von Vorgaben abgewichen werden. Diese Form der Buße steht mit Sicherheit in keinem Gesetz.

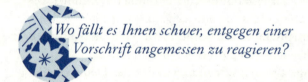

Wo fällt es Ihnen schwer, entgegen einer Vorschrift angemessen zu reagieren?

十五

Sei erwartungslos

Wer von Kambodschas Hauptsehenswürdigkeit, der Tempelstadt Angkor Wat, in die Hauptstadt Phnom Penh möchte, kann diese auf zwei Wegen erreichen. Zum einen gibt es da die preiswerte, aber recht eintönige Fahrt mit dem Bus. Wer spektakuläre Landschaften sehen möchte, den bringt ein Schnellboot über den Tonle Sap See in sechs Stunden an sein Ziel. Auch die Einheimischen finden es gut, wenn man sich für diese Route entscheidet. Denn seit man in Kambodscha erkannt hat, dass Touristen bezahlen, was verlangt wird, kostet die Tour mit dem Boot sechs Mal so viel wie das Busticket.
Als ich einmal eine Gruppe von Reisenden auf dieser Strecke begleitete, war das Transportmittel der Wahl natürlich das Schiff. Der selbst für europäische Verhältnisse ambitionierte Preis schreckte niemanden wirklich ab, schließlich, so die einhellige Meinung der Gruppe, würde der sich durch die mit Sicherheit höhere Qualität bezahlt machen. Da die Abfahrt bereits um sechs Uhr in der Früh sein sollte, stellte sich noch die Frage nach einem Frühstück. Mein dringender Rat, dieses bereits am Vorabend zu besorgen und auf das Boot mitzunehmen, wurde lächelnd mit dem Hinweis abgetan, dass es auf einem Schiff dieser Preisklasse doch wohl eine Möglichkeit gäbe, etwas zu essen zu kaufen. Selbst mein Einwand, dass ich diese Tour schon einige Male gemacht habe und daher wisse,

dass es an Bord keinerlei Verpflegung gebe, stieß auf taube Ohren. Bei diesem Preis, so bekam ich zu hören, könne man das doch wohl erwarten. Große Ernüchterung stellte sich ein, als die Gruppe das Transportmittel sah. Es handelte sich nämlich noch immer um dasselbe Boot, das mich bereits zwanzig Jahre zuvor von Siem Reap nach Phnom Penh gebracht hatte und das wohl überall sonst auf der Welt schon lange aus dem Verkehr gezogen worden wäre. Schlagartig wurde allen klar, dass Erwartung nichts mit dem zu tun haben muss, was man am Ende bekommt. So waren die im Wortsinn lachenden Dritten in dieser Geschichte jene Händler, die an der Abfahrtsstelle freundlich lächelnd Brot und betagten Schmelzkäse zum fünffachen Ladenpreis verkauften.

Möglicherweise entgegnen Sie mir jetzt, dass in diesem Fall der Fehler doch nicht bei der Gruppe, sondern vielmehr beim Betreiber des Bootes gelegen habe. Schließlich dürfte man wie meine Mitreisenden doch wohl erwarten, für sein Geld auch etwas zu bekommen! Nun, erwarten dürfen Sie tatsächlich, was immer Sie möchten. Tatsache ist aber, dass Erwartungen uns unflexibel machen. Viele Menschen neigen nämlich dazu, ihre Vorstellungen für Tatsachen zu halten. Folglich erachten sie es nicht mehr für notwendig, Vorkehrungen für den Fall zu treffen, dass das Erwartete nicht eintritt. Das ist, als betrauten Sie als Vorgesetzter einen Mitarbeiter mit einer sehr wichtigen Aufgabe. Da Sie erwarten, dass dieser seine Arbeit, für die er schließlich bezahlt wird, auch ordentlich macht, betrachten Sie die Angelegenheit als erledigt. Was aber, wenn Sie zu dem Zeitpunkt, an dem das Projekt unbedingt abgeschlossen sein müsste, feststellen, dass der betreffende Mitarbeiter noch nicht einmal begonnen hat?

Verstehen Sie mich bitte richtig. Ich möchte damit weder sagen, dass alle Menschen schlecht arbeiten, noch, dass Sie immer davon ausgehen sollen, nichts für Ihr Geld zu bekommen. Ich möchte Sie einzig davor bewahren, mit einer gewissen Sturheit ein bestimmtes Resultat zu erwarten. Das könnte nämlich am Ende tatsächlich dazu führen, dass Sie verhungern.

Was dürfen Sie von einem neuen Gerät mit Sicherheit erwarten?

Demonstriere
Unterlegenheit

Einer der beeindruckendsten Kampfstile, die ich in Shaolin kennengelernt habe, nennt sich das »Betrunkene Schwert«. Hier ahmt der Kämpfer täuschend echt einen Betrunkenen nach. Er torkelt, führt immer wieder ein imaginäres Glas zum Mund und gaukelt damit dem Gegner vor, bereits kampfunfähig zu sein. Der Kämpfer zeigt also demonstrativ Schwäche, um dem Angreifer ein Gefühl der Überlegenheit zu vermitteln und ihn damit möglichst von einer Attacke abzuhalten. Eine Vorgehensweise, die auch aus der Natur bekannt ist, wo ein Tier bewusst dem anderen die Kehle anbietet, um die eigene Unterlegenheit zu zeigen.

Nun werden Sie sich vielleicht fragen, warum ein Kämpfer aus Shaolin es denn überhaupt nötig haben sollte, einem Gegner das Gefühl zu geben, stärker zu sein. Schließlich müsste einer der Mönche, die viele Jahrhunderte lang zu den besten Kämpfern ihrer Zeit zählten, den Angreifer doch wohl mit Leichtigkeit vernichten können!

Und ob sie das könnten. Ein Gegner, der es tatsächlich nicht unter seiner Würde fand, einen wehrlosen Betrunkenen zu attackieren, musste sehr schnell seinen tödlichen Irrtum feststellen. Warum aber dann dieser Kampfstil? Tatsächlich ist es dieses wunderbare Gefühl von Über-

legenheit, das uns Menschen daran hindert, auch nur ge-
spielte Schwäche zu zeigen. Denn wer schwach ist, das
haben viele von uns schon als Kind gelernt, der verliert.
Wir sind zu sehr darauf getrimmt, Sieg ausschließlich
als das Ergebnis von Kampf anzusehen, also gleichsam
als das unbedingte Durchsetzen der eigenen Meinung.
Selbst dort, wo diese völlig belanglos ist. Diese Einstellung ist nicht nur falsch, sondern meiner Ansicht nach
auch dumm. Denn was bringt es, Stärke zu demonstrieren, wenn es uns, wie Sie gleich sehen werden, am Ende
nur zum Nachteil gereicht?

Was aber bedeutet es überhaupt, zu siegen? Für viele ist
ein Sieg der Triumph über einen Gegner. Für mich ist es
das Erreichen eines Ziels mit möglichst geringem Aufwand. Wir müssen lernen, Sieg neu zu definieren. Denn
Sieg ist weder das Gegenteil von Niederlage noch etwas
in irgendeiner Form Emotionales. Sehen Sie es einmal so:
Wenn Ihr Gegenüber sich als Sieger fühlen möchte, dann
tun Sie ihm den Gefallen und lassen Sie ihn. Für Sie sollte
ohnehin nur zählen, das zu bekommen, was Sie möchten.
Wer das akzeptiert, der versteht, warum es manchmal
durchaus sinnvoll sein kann, Unterlegenheit zu demonstrieren, wenn wir auf diesem Weg kampflos an unser
Ziel kommen.

Ein Beispiel? Nicht nur in asiatischen Ländern kann man
diese Technik besonders erfolgreich anwenden, wenn ein
öffentlich Bediensteter einen Fehler macht. Natürlich
könnten Sie in so einem Fall Ihrem Gegenüber deutlich
zeigen, wen Sie gerade für den Stärkeren halten. Sie können ihn auffordern, den Fehler einzugestehen und umgehend zu korrigieren. Dafür könnten Sie auf Ihr Recht
pochen oder ihm mit Konsequenzen drohen. Erreichen

werden Sie mit dieser Taktik allerdings nichts. Ihr Gegner sitzt am längeren Hebel, schließlich macht der Fehler nicht ihm, sondern Ihnen Probleme. Üben Sie Kritik, wird Ihr Gegenüber automatisch eine Verteidigungshaltung einnehmen. Der Verlierer sind am Ende Sie, weil Sie nicht bekommen, was Sie brauchen.

Wie anders sieht die Situation aus, wenn Sie ganz zerknirscht zugeben, dass Sie sich wohl irgendwo geirrt haben, und Ihren Gegner jetzt um Hilfe bitten! Gerne wird er Ihnen diese aus seiner vermeintlich überlegenen Position gewähren. Lassen Sie ihm die Freude, das Gesicht zu wahren. Denn auch wenn es vielleicht auf den ersten Blick nicht so scheint: Der wahre Sieger sind am Ende Sie.

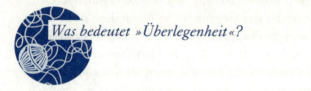

Was bedeutet »Überlegenheit«?

Entferne Belastendes

Grundsätzlich läuft auf dem asiatischen Kontinent vieles langsamer und entspannter ab, als wir das gewohnt sind. Auch wenn manche meinen, das käme nur dem Reisenden in seinem Urlaubstaumel so vor, teile ich diese Ansicht keineswegs. Immerhin habe ich einige Jahre vor Ort gelebt und dieses Gefühl die ganze Zeit über behalten.

Nun bedeutet ein Mehr an Muße aber noch lange nicht, dass nicht auch einmal etwas danebengehen kann. Schließlich sind Unfreundlichkeit, Unehrlichkeit und schlechter Service nichts, was wir in Europa gepachtet haben.

Trotzdem stelle ich bei meinen Aufenthalten im asiatischen Raum immer wieder fest, dass auch viele Europäer in unangenehmen Situationen unterwegs anders reagieren als zu Hause.

Fühlen wir uns daheim von jemandem schlecht behandelt, so gibt es oft kein Halten mehr. Umgehend beschließen wir, uns für die schlechte Behandlung zu revanchieren. Vor unserem geistigen Auge erkennen wir sofort Hunderte Möglichkeiten, wie wir den Verursacher unseres Ärgers für sein Fehlverhalten bezahlen lassen wollen. Nicht mehr die Fehlerbehebung – sofern diese denn überhaupt möglich ist – steht für uns im Vordergrund, sondern alleine die Frage, wie wir unserem Gegner schaden können. Wir überlegen uns Zeitungen und Interessenvertretungen, bei denen wir uns beschweren werden, und andere Arten der Vergeltung.

In den seltensten Fällen wird es nun möglich sein, die Strafaktion sofort zu beginnen. Doch was, wenn sich der Vorfall an einem Abend oder, schlimmer noch, vor einem Wochenende ereignet hat? Dann programmieren wir das Ärgernis in unseren Kalender, nur um sicherzustellen, dass wir uns die unangenehme Situation auf jeden Fall wieder zurück ins Gedächtnis holen. Selbstverständlich erfolgt die Erinnerung zu einem unpassenden Zeitpunkt, so dass wir uns erneut kurz ärgern, um dann den Reminder auf einen späteren Termin zu verschieben. Ist Ihnen eigentlich bewusst, dass Sie sich hier jedes Mal selbst völlig umsonst in eine schlechte Stimmung bringen?

Ganz anders verhalten sich die meisten von uns hingegen, wenn sich genau das Gleiche in einer Gegend ereignet, in der wir fremd sind und uns daher nicht verständigen können. Statt Rachepläne zu schmieden, finden wir hier sehr schnell vor uns selbst eine Rechtfertigung, um die Angelegenheit auf sich beruhen zu lassen und zur Tagesordnung überzugehen. Ein Verhalten, das uns viel Zeit und Energie – und Ärger! – spart.

Warum aber ist es für uns in der einen Situation so einfach, tolerant zu sein – und in der anderen gar nicht? Weil wir viel leichter auf eine Reaktion verzichten können, die ohnehin ins Leere laufen würde. Welchen Zweck sollte es haben, sich in China das Kennzeichen jenes Autofahrers zu notieren, der uns im Vorbeifahren zuerst aggressiv angehupt und dann den Vogel gezeigt hat? Gar keinen. Aber wen interessiert es eigentlich zu Hause?

Gleichgültig, wo auf der Welt Sie sich gerade befinden: Wenn das nächste Mal etwas nicht nach Ihren Vorstellungen läuft, dann stellen Sie für sich fest, ob Sie damit leben können. Falls ja, lassen Sie die Angelegenheit auf sich beruhen – und vergessen Sie sie. Stehlen Sie sich nicht unnötig Lebenszeit, Sie belasten ohnehin nur sich selbst. Und wenn Sie es geschafft haben, lächeln Sie sich zu. Das haben Sie dann nämlich verdient.

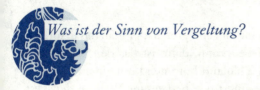

Was ist der Sinn von Vergeltung?

十八

Sage »ich möchte« statt »ich brauche«

Wenn es noch eine Gegend gibt, in der man das ursprüngliche Asien erleben kann, dann ist das der Norden von Laos. Wer von Thailand kommend mit einem Holzboot die Grenze überquert hat, betritt eine Welt, in der westliches Luxusdenken keinen Wert zu haben scheint. Die Menschen leben in selbstgezimmerten Holzhütten und waschen sich im Fluss. Nur die auf den Dächern montierten Satellitenschüsseln sowie die sogar in den Wohnräumen abgestellten Motorroller zeigen, dass auch in Laos langsam das Konsumdenken Einzug hält. Leicht könnte ein unbedarfter Außenstehender also meinen, die Region und ihre Bewohner seien bitterarm. Was in finanziellem Sinne sicher richtig ist. Andererseits bemerkt der staunende Reisende aber auch, dass man in diesem Teil Asiens die Arbeit nicht erfunden hat. Statt Geld zu verdienen, bevorzugen die Laoten ganz offensichtlich, in ihrer Hütte auf dem Boden zu liegen und fernzusehen. Bei meinem ersten Besuch in dieser Gegend war meine unmittelbare Reaktion darauf zugegebenermaßen pures Unverständnis. »Wie kann man denn nur so faul sein?«, ging es mir durch den Kopf. Oft dachte ich mir: »Würden diese Menschen arbeiten, dann könnten sie sich etwas leisten und müssten nicht unter diesen Umständen hausen!«

Denn selbst wenn es nicht immer so einfach ist wie bei uns, gäbe es auch im Norden von Laos durchaus die Möglichkeit, mit mehr Arbeit mehr Geld zu verdienen. Wenn man es denn wollte. Genau daran aber, so empfindet es der staunende Besucher auch heute noch, scheitert es. Niemand hier scheint bereit zu sein, für das theoretische Versprechen von Geld auf ein Leben zu verzichten, das die meisten vor Ort als perfekt empfinden.

Immer wieder habe ich mich gefragt, warum es diesen Menschen offensichtlich leichtfällt, auf vieles zu verzichten, das wir unbedingt haben müssen. Vielleicht liegt es an unserem Umgang mit der Sprache. Hätten wir etwas gerne, so sagen wir zu uns: »Das brauche ich unbedingt!«, oder: »Das muss ich unter allen Umständen haben!« Haben Sie sich aber schon einmal überlegt, was Sie damit Ihrem Gehirn signalisieren? Wenn wir etwas »müssen«, so haben wir schon als Kinder gelernt, gibt es dazu keine Alternative. Das Teil muss her, koste es, was es wolle. Schließlich verwandelt dieser Satz den Wunsch in eine absolute Notwendigkeit. Überlegen Sie nur einmal, wie viele Dinge Sie in der letzten Zeit allein deshalb angeschafft haben, weil es davon hieß: »Das musst du haben!« Auf wie viel hätten Sie im Nachhinein mühelos verzichten können, wäre da nicht diese alternativlose Notwendigkeit des »Müssens« gewesen?

Verstehen Sie mich richtig. Sie sollen und dürfen sich kaufen, was Sie möchten. Es ist schließlich Ihr Geld, und es ist Ihre Zeit, die Sie dafür aufwenden, es zu verdienen. Gehen Sie aber vorsichtig mit Ihrer Sprache um und setzen Sie sich nicht selbst unter Druck. Sagen Sie »ich brauche«, wenn Sie etwas tatsächlich benötigen. In allen anderen Fällen hält Ihnen »ich möchte« die wunderbare

Option offen, auf etwas zu verzichten, für das Sie bei genauerer Betrachtung gar nicht bereit wären, ein Stück Ihrer Freiheit einzutauschen.

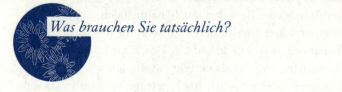
Was brauchen Sie tatsächlich?

Erkenne den richtigen Augenblick

Bis vor einigen Jahren das Internet und damit große Buchungsportale die Situation veränderten, gab es in den Ländern Ostasiens einen wunderbaren Service für Reisende, die nach der Ankunft in einem Ort ein Quartier suchten. Kaum war der Bus in den Bahnhof eingefahren, wurde dieser umgehend von Einheimischen umringt. Sie halfen zuerst beim Ausladen des Gepäcks und stellten dann den Ankommenden ihre Unterkünfte vor. Die Preise wurden gleich vor Ort verhandelt. In diesen war neben Übernachtung und Frühstück immer auch ein kostenloser Transport zum Gästehaus inbegriffen, was das Angebot für viele Reisende naturgemäß attraktiv machte. Zusätzlich entsprachen die Angaben zur Zimmerausstattung fast immer den Tatsachen, so dass sich der Gast auf die Informationen verlassen konnte. So wurde man beispielsweise ehrlich darauf hingewiesen, falls das Gemeinschaftsbad nur über kaltes Wasser verfügte. Eine Art »Geld zurück«-Garantie gab es auch: Man erhielt das Versprechen, bei Nichtgefallen wieder kostenlos zum Busbahnhof gebracht zu werden, und das überzeugte meist auch die letzten Zweifler.

War man als Gast schließlich in der Unterkunft angekommen, erhielt man ohne weitere Formalitäten sofort seinen Zimmerschlüssel. Check-in, sofern überhaupt notwendig, sollte man in Ruhe später machen, bezahlen gerne bei der Abreise. Erst einmal hieß es: ankommen. War man mit einem Nachtbus angereist und traf daher ein, bevor die Zimmer bezugsfertig waren, wurde man direkt weiter zum Frühstück gebeten, das in diesem Fall meist auf Kosten des Hauses ging. Wie in Asien üblich, war nach dem Zimmerbezug das Essen der nächstwichtige Punkt.

Dieses Procedere lief immer gleich ab. Und niemals ist es mir so vorgekommen, als hätte ein Gastgeber versucht, es durch den Verkauf von Ausflügen oder sonstigen Zusatzleistungen zu stören. Das hatte Zeit, bis die Ankömmlinge die Zimmer bezogen und gegessen hatten.

Natürlich gab es auch vor zwanzig Jahren schon eilige Reisende, welche die Rezeption sofort nach der Ankunft mit Fragen nach etwaigen Ausflugsmöglichkeiten bestürmten. Interessanterweise ist meines Wissens nach nie einer der Gastwirte darauf eingestiegen. Die Antwort war stets: »Bitte erst aufs Zimmer oder zum Essen! Nachher sprechen wir über alles Weitere!«

Offensichtlich war dem Hotelpersonal bekannt, dass kurz nach der Ankunft ohnehin nicht der richtige Zeitpunkt gewesen wäre, jemandem etwas zu verkaufen. Schließlich erwarteten wir Reisenden genau das und hatten dagegen schon so etwas wie eine vorbeugende Abwehr entwickelt. Durch diese Zurückhaltung seinerseits aber bauten wir dem Wirt gegenüber ein starkes Vertrauen auf.

Hatte man schließlich zum Essen Platz genommen, wartete der Gastgeber meist, bis man fast fertig war, kam dann und setzte sich schließlich zu den Gästen an den Tisch. Dabei war es eine Selbstverständlichkeit, dass der Chef persönlich sich durchaus ernst und interessiert erkundigte, ob denn alle mit den Zimmern zufrieden seien. Erst dann folgte eine Erklärung eines möglichen Programms für die nächsten Tage.

An dieser Stelle muss man nun wissen, dass Individualreisende häufig eine große Ablehnung gegenüber organisierten Ausflügen haben. Daher war die Reaktion auf die Vorstellung möglicher Touren fast immer ablehnendes Kopfschütteln. Doch die Hoteliers erwarteten diese Reaktion und hätten sie daher nie persönlich genommen. Unter verständnisvollem Nicken wurden sofort Bus- und Zugfahrpläne auf dem Tisch ausgebreitet, gefolgt von dem Angebot, die Tickets zu besorgen und uns gerne am nächsten Tag auch kostenlos zum Bahnhof zu bringen. Der einzige Haken sei, und das war nicht einmal gelogen, dass die Anreise aufgrund der schlechten Verbindungen dreimal so lang dauere und es daher nicht möglich sei, alle im Tourenprogramm angeführten Sehenswürdigkeiten an einem einzigen Tag zu besichtigen.

Egal, ob wir uns für die individuelle oder die durchorganisierte Tour entschieden: Die Hotelbesitzer hatten nichts zu verlieren. Schließlich verdienten sie so oder so an uns – und konnten von daher alle Geduld der Welt aufbringen.

Wofür die meisten sich am Ende entschieden, können Sie sich wahrscheinlich denken: Nach anfänglichem Widerstand buchte stets ein Großteil der Gruppe das zwar teurere, aber eben bequemere Pauschalangebot. Woher das Vertrauen kam? Nach der guten Betreuung in der Unterkunft waren alle überzeugt, dass man uns wohl nichts Schlechtes verkaufen werde.

Doch am entscheidendsten war, dass der Hotelier die Muße gehabt hatte, geduldig auf jenen Zeitpunkt zu warten, an dem wir nicht nur bereit, sondern geradezu begierig waren, den von ihm angebotenen Service zu kaufen.

Woran erkennt man den richtigen Zeitpunkt für einen Verkauf?

Lebe dein Leben

»Das Leben eines Mannes ist nur ein aufblitzender Moment; ein Mann sollte sein Leben mit dem verbringen, was er will. In diesem kurzen Leben wäre es falsch, sich als Mann zu etwas zwingen zu lassen, was man nicht mag, und so sein Dasein leidend zu verbringen. Wenn dieser Gedanke natürlich falsch ausgelegt wird, ist er schädlich. Darum habe ich ihn auch für mich behalten und nie jungen Männern verraten.«

Ein Zitat, das zwar auch meine eigene Einstellung zum Leben widerspiegelt, aber dennoch nicht von mir stammt. Entnommen habe ich es dem Hagakure, dem legendären Ehrenkodex der Samurai. Die Leserinnen mögen mir daher verzeihen, dass ausschließlich Männer angesprochen werden. Diese Truppe elitärer japanischer Krieger war eine reine Männergesellschaft, weshalb der Autor sich auch ausschließlich an jene wendet. Was seine Aussage aber für uns alle nicht weniger richtig macht.

Besonders interessant finde ich, dass der Verfasser des Buches, Yamamoto Tsunetomo, nicht einer frühen japanischen Hippie-Bewegung entstammte und daher den Gedanken verfocht, jeder möge tun, was er will, sondern vielmehr Teil einer Kaste war, in der absolute Unterwerfung als oberstes Gebot galt.

Und doch erschien offensichtlich selbst einem Samurai das Problem des fremdbestimmten Lebens als so dringlich, dass er sich entschied, seine Meinung dazu öffentlich zu machen.

Auch dreihundert Jahre später steht diese Aussage Tsunetomos noch in krassem Widerspruch zu der bei uns vorherrschenden Denkweise. So wurde mir bereits als Kind in mein erstes Stammbuch geschrieben: »Dein Müssen und dein Mögen, die stehen sich oft entgegen. Doch besser ist es, wenn du tust, nicht was du willst, nein, was du musst.« Eine Aussage, die ich heute, wie ich ehrlich gestehen muss, als ziemlich dumm empfinde. Denn wer, so frage ich mich, könnte das Recht haben, uns dazu zu zwingen, unser Leben so zu verbringen, wie er es sich vorstellt? Überhaupt: Die Möglichkeit, uns einen Lebensstil aufzuzwingen, haben nur jene, denen wir sie freiwillig einräumen.

Häufig ist es allerdings unser eigener Drang, es anderen Menschen recht zu machen, der uns in diesem Sinne gefügig macht. Wohin das führen kann, illustriert folgende Geschichte eines älteren Ehepaares, das am Morgen der goldenen Hochzeit gemeinsam beim Frühstück saß. Die Frau dachte bei sich: »Seit so vielen Jahren gebe ich ihm aus Liebe immer das knusprige Oberteil des Brötchens. Heute will ich es aber ausnahmsweise einmal für mich nehmen.« Sie legte sich das Oberteil auf den Teller und reichte die untere Hälfte ihrem Mann. Der sagte begeistert: »Oh Liebling, was für ein schöner Morgen. Seit fünfzig Jahren habe ich nie das Brötchen-Unterteil gegessen, obwohl ich es am allerliebsten mag. Ich habe es immer dir gelassen, weil ich dachte, dass es deine Lieblingshälfte ist.«

Lassen Sie es sich von niemandem einreden, dass es egoistisch wäre, Ihr Leben nach den eigenen Vorstellungen zu gestalten. Verbringen Sie Ihre Zeit mit dem, was Sie selbst wollen. Denn wenn Sie am Ende zurückblicken, wem soll Ihr Leben dann gefallen haben? Den anderen – oder doch lieber Ihnen selbst?

*Wem gestatten Sie es,
über Ihr Leben zu bestimmen?*

Vermeide Kampf

Auch für einen sehr erfahrenen Reisenden wie mich bleibt das Unterwegssein ein Leben lang eine gewisse Herausforderung. Denn obwohl mir viele Gegenden der Welt, und hier wieder insbesondere die Länder Asiens, sehr vertraut sind, bin ich dort dennoch nicht zu Hause. Das wirkt sich bei mir sowohl in einer ständig erhöhten Aufmerksamkeit als auch darin aus, dass meine Reaktionen durch diese Grundspannung ab und an viel heftiger ausfallen als daheim. So bleibe ich manchmal bei einem wirklich großen Problem völlig ruhig, während mich kurz darauf eine lächerliche Kleinigkeit auf die Palme bringt.
Als mir diese Diskrepanz irgendwann bewusst geworden ist, wollte ich wissen, wovon eigentlich abhängt, wie ich auf eine Herausforderung reagiere. Nach einiger Beobachtung war mir klar, dass man mich umso leichter zu einem wie auch immer gearteten Streit herausfordern kann, je mehr ich ohnehin schon in »Kampfeslaune« bin. Befinde ich mich umgekehrt in einem Zustand innerer Ruhe, beißt sich auch der hartnäckigste Gegner bei dem Versuch, mit mir zu streiten, die Zähne aus.
Sie können sich das vorstellen, als säßen Sie gemütlich in einem Lehnstuhl in Ihrem Lieblingszimmer. Sie haben gerade ausgezeichnet gegessen, mögen die Musik, die leise aus den Boxen kommt, und fühlen sich wunderbar entspannt und gut. Kurzum, Sie sind mit sich und der

Welt im Einklang. Käme nun in genau diesem Moment jemand, ohne anzuklopfen, durch die Zimmertür herein, der mit Ihnen einen Streit anfangen möchte: Wie groß ist die Wahrscheinlichkeit, dass ihm das auch gelingen wird? Wohl nicht sonderlich groß.

Stellen Sie sich jetzt vor, Sie sitzen in Ihrem Büro. Die Heizung ist ausgefallen, Ihr Chef hat Ihnen gerade den Urlaub gestrichen, jemand hat Ihr Essen aus dem Kühlschrank genommen, und Sie fühlen sich durch das alles ziemlich genervt. Wieder betritt jemand, ohne zu klopfen, den Raum und fordert Sie zu einem Kampf heraus. Wird es Ihnen auch in dieser Situation gelingen, den Angreifer ins Leere laufen zu lassen? Ich glaube nicht.

Aber warum eigentlich? Am Angreifer kann es nicht liegen. Der hat sich schließlich in beiden Situationen gleich verhalten. Bleiben nur Sie. Natürlich hängt die Frage, wie Sie auf einen Angriff reagieren und welchen Erfolg ein Gegner mit seiner Attacke hat, zu einem sehr großen Teil davon ab, in welcher Situation Sie sich befinden. Und zwar sowohl in Ihrer realen als auch in Ihrer Gedankenwelt, die einen noch viel größeren Einfluss hat. Denn selbst wenn es in Ihrem Büro kalt ist und auch sonst alles Mögliche nicht passt: Wenn es Ihnen trotzdem gutgeht, werden Sie wenig Lust auf Streit verspüren und sich auch entsprechend verhalten.

Ihre persönliche Wirklichkeit hängt wie die meine davon ab, wie Sie selbst sie gestalten. Selbst wenn die äußeren Umstände nicht passen, haben Sie noch immer die Möglichkeit zu verhindern, dass Sie durch diese geschwächt werden. Sie werden jetzt vielleicht sagen: »Das klingt ja alles schön und gut. Aber wenn es mir schlechtgeht, dann ist das eben so!«

Wer so denkt, übersieht, dass er sich damit nur selbst schadet. Den Angreifer wird es freuen, Sie mit dieser Einstellung vorzufinden. Er möchte ja schließlich den Kampf. Aber ganz ehrlich: Wollen Sie ihn auch? Gleichgültig also, in welcher Lage Sie sich gerade tatsächlich befinden: Kündigt sich ein streitsüchtiger Gegner an, gehen Sie zuerst in der Fantasie in Ihr gemütliches Zimmer und empfangen Sie ihn ausschließlich dort. Sie werden staunen, wie schnell selbst der stärkste Angreifer wieder unverrichteter Dinge abzieht.

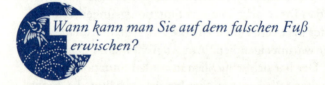

Wann kann man Sie auf dem falschen Fuß erwischen?

Erlerne das Nichts-Tun

Auf viele Europäer machen manche Menschen in Asien den Eindruck, sie wären faul. Wie oft höre ich das gerade von den Teilnehmern geführter Rundreisen! Statt nämlich ständig emsig zu arbeiten – oder zumindest so zu tun als ob –, sitzen viele Menschen einfach plaudernd herum, spielen Mahjong oder tun einfach nichts. Das wäre für sich allein wohl noch gar nicht bemerkenswert, gehörten nicht sowohl China als auch die sogenannten »Tigerstaaten« zu den am schnellsten wachsenden Volkswirtschaften der Welt. Wie aber passen diese vermeintliche Faulheit und der wirtschaftliche Erfolg zusammen?

Wie ich bereits erwähnt habe, hat in Asien die Meinung anderer Menschen viel weniger Gewicht als bei uns. Natürlich gibt es auch dort durchaus strenge Verhaltensregeln und Traditionen. Aber die Idee, sich anders zu geben, als man wirklich ist, nur um einen anderen zufriedenzustellen, ist den meisten Asiaten fremd. Wo also ein Europäer, der sich bei einer Pause ertappt fühlt, umgehend aufspringt und wieder an die Arbeit eilt, bleibt sein asiatischer Counterpart entspannt sitzen.

Dabei hat dieses Verhalten absolut nichts mit Faulheit zu tun, sondern nur mit der vielen von uns schon lange verlorengegangenen Fähigkeit, Arbeit und Ruhezeit zu trennen. In Asien wird sehr erfolgreich gearbeitet – aber die meisten Asiaten können eben auch Pause machen.

Eine Idee, von der in unserem Kulturkreis mittlerweile oft regelrecht abgeraten wird. So habe ich selbst immer wieder in »Ratgebern« zum Thema »Bücher schreiben« gelesen, die wichtigste Regel auf dem Weg zum Erfolg sei, jeden Tag etwas zu schreiben. Ob man gerade den Kopf dazu hat oder nicht, ist nach Ansicht der Verfasser ebenso belanglos wie die Qualität des entstehenden Textes. Was zählt, ist alleine, dass man am Ende des Tages irgendetwas zu Papier gebracht hat.

Eine Ansicht, die ich nicht nur nicht teile, sondern für absolut kontraproduktiv halte. Etwas zu tun, nur damit man nicht nichts tut und am Ende sagen kann, dass man etwas getan hat, ist meiner Meinung nach nur verschwendete Zeit und Energie. So habe ich, wie wohl alle Autoren, Tage, an denen mir das Schreiben einfach keine Freude macht. Beim allerersten Mal habe ich noch voll schlechten Gewissens gegen diese Unlust angekämpft und versucht, trotzdem ein Kapitel zu verfassen. Da das Ergebnis am Ende erwartungsgemäß unbrauchbar war, habe ich dann beschlossen, diesen Fehler nie wieder zu machen. Seither verzichte ich darauf, meine Zeit auf eine Arbeit zu verschwenden, die ich hinterher ohnehin neu machen müsste. Denn manchmal, so sagt man in China, ist es besser, nichts zu tun, als mit viel Mühe nichts zu schaffen.

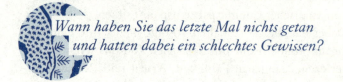

Wann haben Sie das letzte Mal nichts getan und hatten dabei ein schlechtes Gewissen?

Überschätze niemals deinen Gegner

Als ich das erste Mal durch China reiste, hatte ich so gut wie keine Kenntnisse der chinesischen Sprache. Bevor ich aber in einem Restaurant etwas zu essen bestellte, ließ ich mir die Speisekarte kommen, um zu erfahren, ob das Preisniveau in etwa meinen Vorstellungen entsprach. Der eigentliche Bestellvorgang bestand dann mehr aus Pantomime und Theater denn aus gesprochener Sprache. So imitierte ich unbeirrt die typischen Laute verschiedener Tiere, um dem Kellner verständlich zu machen, dass ich kein Fleisch esse, oder inspizierte die Teller der anderen Gäste, um schließlich zu bestellen, was auch der Herr am Nebentisch aß.

Einmal, es war im legendären Ort Shaolin, wo man damals zwar Touristen, aber keine Ausländer gewohnt war, bestellte ich auf oben beschriebene Art ein Gericht. Da ich keine Möglichkeit gehabt hatte, Geld zu wechseln, und ich mir daher die vorhandenen Yuan einteilen musste, inspizierte ich die Speisekarte vor der Bestellung ganz genau. Bis auf einige wenige besonders teure Speisen, bei denen es sich erfahrungsgemäß um Schlange oder sonstige Spezialitäten handelte, waren die Preise durchaus moderat. Ich bestellte also verschiedene Gemüsegerichte und den obligatorischen Reis. Die Überraschung kam, als ich nach dem Essen die Kellnerin, die offensichtlich zugleich die Besitzerin war, aufforderte, mir die Rechnung zu bringen. Denn sie wollte in etwa das Zehnfache dessen, was ich erwartet hatte. Verärgert verlangte ich nach der Speisekarte und forderte die Kellnerin auf, mir die einzelnen Posten mitsamt Preis zu zeigen. Sofort blätterte sie auf die Seite mit den hohen Preisen und behauptete steif und fest, alle von mir bestellten Gerichte seien dort zu finden. Das war natürlich ganz offensichtlich eine Lüge, doch die Besitzerin blieb dabei, es seien jene Speisen zu jenen Preisen gewesen. Da sich nun auch andere Gäste für unsere mittlerweile lautstarke Diskussion zu interessieren begannen, nahm ich meinen Sprachführer zur Hand und deutete zornig auf den Eintrag: »Bitte holen Sie die Polizei!« Zuerst verweigerte die Kellnerin meinen Wunsch entschieden. Als ich jedoch aufgebracht darauf bestand, wich ihr Siegerlächeln einem ängstlichen Gesichtsausdruck. Ohne dass ich weiter etwas hätte tun müssen, meinte sie plötzlich, ich solle ihr doch auf der Speisekarte zeigen, was ich denn glaube, verzehrt zu haben. Wahllos tippte ich auf einige günstige Gerichte und bekam tatsächlich kurz darauf eine Rechnung, die wohl mehr oder weniger den Tatsachen entsprach.

Warum ich Ihnen diese Geschichte erzähle? Weil sie für mich ein wunderbares Beispiel dafür ist, wie man einen Kampf nur deshalb verliert, weil man den Gegner überschätzt. Allein die Erwähnung des Wortes »Polizei« gab mir eigentlich hilflosem Reisenden eine Macht, die ich überhaupt nicht hatte. Ganz abgesehen davon, dass es mir selbst ja offensichtlich unmöglich war, die Polizei zu rufen, was hätte ich den Polizisten denn sagen können? Es war unwahrscheinlich, dass einer der Beamten Englisch oder eine andere europäische Fremdsprache gesprochen hätte. Ganz im Gegenteil hätte die Wirtin mich in eine unangenehme Situation bringen können, wenn sie auf ihrer Behauptung beharrt hätte, dass ich die teuren Speisen zwar bestellt und gegessen habe, aber nachher nicht bezahlen wollte.

Halten wir unseren Gegner für stärker, als er tatsächlich ist, hat dieser den Kampf bereits gewonnen. Zur Anwendung kommt diese Technik vor allem dort, wo man jemanden beispielsweise dazu bringen möchte, etwas zu bezahlen, das er gar nicht schuldet. Der Angreifer baut plötzlich Drohgebärden auf, die zwar keine rechtliche Grundlage, aber auf schwache Naturen große Wirkung haben.

Denken Sie daran, dass nicht immer alles wahr und richtig ist, nur weil es jemand behauptet. Ganz gleich, wer dieser Jemand ist oder als was er sich ausgibt: Wer versucht, Sie mit dieser Technik zu besiegen, hätte Ihnen in einem fairen Kampf nichts entgegenzusetzen. Er vertraut darauf, dass Sie ihn mit einer Macht ausstatten, die er ohne Ihre Hilfe niemals hätte. Indem Sie ihn einfach überschätzen.

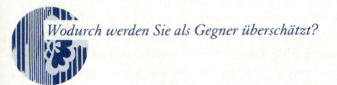

Wodurch werden Sie als Gegner überschätzt?

Reduziere Ballast

Zu den wenigen Dingen, die ich in Asien so gut wie noch nie gesehen habe, gehören leere öffentliche Verkehrsmittel. Ganz im Gegenteil habe ich oft das Gefühl, selbst wenn die Busse und Züge immer noch im Minutentakt fahren würden, fänden sich genügend Passagiere, um sie bis auf den letzten Platz und noch weiter zu füllen. Da die Menschen durchaus sehr lange bis an ihr Ziel unterwegs sind, frage ich mich immer wieder, was sie dort dann wohl tun? Und vor allem: Wie lange bleiben sie in dem Ort, den zu erreichen sie zehn Stunden oder mehr gekostet hat? Interessanterweise lässt sich diese Frage im Gegensatz zu Europa nicht mit einem Blick auf das Gepäck beantworten. Denn ob sie einen Tag bleiben oder eine Woche: Die meisten tragen so wenig mit sich, dass alles in einen kleinen Sack passt.

Mich erinnert das immer an eine Zen-Geschichte, in welcher ein junger Mann einen Meister besuchte, der für seine große Weisheit berühmt war. Mit Erstaunen stellte der Besucher fest, dass der Meister in einer bescheidenen Hütte lebte, die nur aus einem einzigen Raum bestand. In diesem befand sich nichts außer einem Tisch und einer hölzernen Bank.

»Meister, wo sind denn deine Möbel?«, fragte der junge Mann.

Der Meister antwortete: »Wo sind denn deine?«

Überrascht sagte der junge Mann: »Aber ich bin doch nur auf der Durchreise!«

»Ich auch«, antwortete der Meister, »ich auch.«

Eine Geschichte, die den Kontrast zwischen vielen Reisenden in Asien und Europa sehr schön verdeutlicht. Auf der einen Seite sehe ich die, welche nur das absolut Notwendige bei sich haben. Bei ihnen passt selbst das, was sie für eine dreimonatige Reise dabeihaben, ins Handgepäck. Auf der anderen Seite stehen jene Reisenden, die für einen zweiwöchigen Trip mehr Gepäck mit sich tragen, als ich mit einer Hand heben kann. Obwohl ihr Verhalten auf den ersten Blick durchaus verständlich ist. Schließlich braucht man doch neben der ganzen Ausrüstung auch genügend saubere Wäsche für die gesamte Tour! Wenn jemand seinen prall gefüllten, riesigen Rucksack mit diesem Argument erklärt, frage ich immer: »Nehmen wir einmal an, du wärst ein Jahr lang unterwegs. Nimmst du dann auch für jeden Tag neue Kleidung mit?« Nein, selbstverständlich käme niemand auf diese Idee. Schließlich kann man die Sachen auch waschen lassen.

Wo aber, so frage ich mich, ist die Grenze? Warum kann man die Sachen nicht genauso in die Wäscherei tragen, wenn man nur drei Wochen unterwegs ist?

Ich persönlich halte es immer so, dass ich nur das Allernötigste mitnehme. Was ich tatsächlich zusätzlich brauche, gibt es – wie alles Lebensnotwendige – überall zu kaufen. Gleichzeitig habe ich es mir zur Gewohnheit gemacht, für jedes neue Stück, das ich erwerbe, ein altes zu verschenken oder gleich in den Müll zu geben.

Denn eines habe ich bereits in den frühen Tagen meiner Reisetätigkeit gelernt: Was man besitzt, muss man die ganze Zeit mit sich herumtragen. Und alles, was man nur mit sich herumschleppt, weil man sich nicht davon trennen kann, wird einem irgendwann zur Last.

Was tragen Sie nur deshalb mit sich herum, weil Sie sich nicht davon trennen können?

Gewinne mit Vertrauen

Als ich einmal mit einer Reisegruppe in Ostasien unterwegs war, zeigte mir eines Abends eine Teilnehmerin ein wunderbares Tuch, das sie kurz zuvor gekauft hatte. Da ich gerne etwas Ähnliches als Geschenk mitbringen wollte, bat ich sie, mir zu beschreiben, wo sie es gekauft hatte. Also führte sie mich am nächsten Tag in den Laden eines indischen Händlers.

Dieser begann das Gespräch gleich bei der Begrüßung freudestrahlend mit dem Hinweis, dass er Tücher für jeden Geldbeutel habe. Falls der Preis für mich das wichtigste Kriterium sei, solle ich mich eher in den unteren Stellagen umschauen, dürfe dafür aber, so fügte er gleich hinzu, keine wirkliche Qualität erwarten. Qualitätsware finde sich in den oberen Regalen.

Erstaunt über diese Offenheit entdeckte ich schließlich in der teureren Abteilung ein Tuch, das mir auf Anhieb gefiel. Da ich vorgehabt hatte, mich bei diesem Einkaufsbummel nur umzuschauen und nichts zu kaufen, hatte ich vorsorglich mein Geld im Hotel gelassen. Also bat ich den Verkäufer, das Tuch beiseitezulegen. Ich werde, so versicherte ich ihm, am folgenden Vormittag zurückkommen, um es zu holen. Woraufhin der Mann nur den Kopf schüttelte und meinte: »Wenn du es wirklich möchtest, dann nimm es einfach mit. Du kannst auch morgen kommen, um zu bezahlen!«

Auf meine Frage nach einer Anzahlung oder sonstigen Sicherheiten, lehnte er lachend ab. »Nimm es mit und bezahle es morgen!«

Auf dem Weg zurück zum Hotel begann ich über das Verhalten des Ladenbesitzers nachzudenken. Warum nur ging er das Risiko ein, dass ich auf Nimmerwiedersehen mit dem Tuch verschwand?

Ich kam zu dem Schluss, dass er so handelte, weil er wie viele Menschen, mit denen ich in Asien zu tun hatte, ein gutes Gefühl für den richtigen Zeitpunkt hatte. Der Verkäufer hatte erkannt, dass ich in genau diesem Moment bereit war, das Stück zu einem, trotz aller Qualität, sicherlich überhöhten Preis zu kaufen. Allerdings konnte ich ihm keine Garantie geben, dass ich am nächsten Tag wirklich noch einmal kommen würde, egal, wie entschlossen ich in dem Augenblick im Laden auch gewesen sein mochte. Schließlich ist der spontane Kauf einer Ware, die man eigentlich gar nicht braucht, eine vor allem emotionale Angelegenheit. Und auf Emotionen folgen bekanntlich Überlegung und Reue.

Andererseits konnte er aber davon ausgehen, dass ich auch am Folgetag noch Freude an dem schönen Tuch haben würde und dass mich allein das schlechte Gewissen davor bewahren würde, denjenigen übers Ohr zu hauen, der ein Stück weit für diese Freude mitverantwortlich war.

Ähnliche Situationen habe ich immer wieder erlebt, und so bin ich im Laufe der vielen Jahre zu der Erkenntnis gelangt, dass ein bestimmtes Kalkül dahintersteckt. Solch einer »Lieferung auf Rechnung« liegt ein Schema zugrunde. Schließlich wendet er die allgemein bekannte Technik des Verkaufs an, den Käufer gewissermaßen in die eigene Schuld zu bringen. Wir kennen das letztlich alle vom Verteilen kostenloser Proben bis hin zum demonstrativen Vertrauensbeweis. Und viele Kunden kaufen wohl aus Dankbarkeit über diesen unerwarteten Vertrauensvorschuss beim Bezahlen gleich noch ein weiteres Tuch.

Eines sollte aber klar sein: Wer das Risiko eingeht, seinen Kunden auf diese Art zu vertrauen, der darf es nicht persönlich nehmen, wenn der eine oder andere das Vertrauen missbraucht. Unterm Strich jedenfalls macht sich diese Vorgehensweise bezahlt.

Kann man auf die Dauer durch Vertrauen verlieren?

Nutze deine Intuition

Im Dezember 2004 arbeiteten in einem Dorf im Osten Sri Lankas einige Bauern mit Elefanten, als sie plötzlich bemerkten, dass die Tiere unruhig wurden. Zuerst zaghaft, dann immer aggressiver, begannen die Tiere weg von der Küste in Richtung des Landesinneren zu drängen. Obwohl die Bauern den Grund für das eigenartige Verhalten der Arbeitselefanten nicht kannten, taten sie das einzig Richtige: Auch wenn das Meer keinerlei Besonderheiten zeigte, ließen sie die Tiere frei und die eigenen Sachen zurück und folgten den Elefanten, so rasch sie konnten. Schon kurz darauf wurde ihnen klar, dass sie dieser spontanen Entscheidung und dem Gespür der Elefanten für die Gefährlichkeit der Situation ihr Leben verdankten. Ein Seebeben zwischen Sri Lanka und Thailand hatte eine Riesenwelle ausgelöst, die auf das betreffende Dorf zugerast war und am Ende fast dreihunderttausend Menschen in den Tod riss. Woher aber wussten die Tiere von der nahenden Gefahr?

Ich nutze dieses Beispiel gerne in meinen Vorträgen, wenn es um das Thema »Intuition« geht. Zwar haben Elefanten wahrscheinlich keinen »sechsten Sinn« nach menschlicher Vorstellung, sind aber, trotz ihrer Körpergröße, unglaublich feinfühlige Tiere. Besonders ihre Fußsohlen sind dermaßen empfindlich, dass sie sogar spüren können, wenn sich eine Maus neben ihnen bewegt. Daher fühlten die Elefanten in Sri Lanka auch die Vibrationen der herannahenden Wellen und erkannten instinktiv die von diesen ausgehende Gefahr. Diese Geschichte zeigt vor allem eines: Intuition ist weder etwas Magisches noch etwas Esoterisches, noch sonst etwas in irgendeiner Form Seltsames. Die eigene Intuition zu nutzen bedeutet zu verstehen, dass jede Situation Signale aussendet, die wir nur empfangen und wahrnehmen müssen, um richtige Entscheidungen zu treffen. Dass diese Signale oft nicht sichtbar sind, stellt ihre Existenz nicht in Frage. Oder haben Sie schon einmal Radiowellen gesehen?

Wir sollten daher lernen, unser Bauchgefühl von unseren Erwartungen, Ängsten und auch von unserem oft dominanten Verstand zu trennen, und es wagen, auch dort auf dieses Gefühl zu vertrauen, wo es schwerfällt.

Denn genau hier liegt für uns Menschen das Problem. Stellen Sie sich nur einmal vor, die Elefanten von Sri Lanka wären mit menschlichem Verstand ausgestattet gewesen. Zwar hätten sie trotzdem gefühlt, dass etwas nicht stimmt, aber was dann? Deswegen alles liegen und stehen lassen? Wegen eines Gefühls in den Fußsohlen? Zuerst hätten sie vielleicht das Radio aufgedreht, um zu hören, ob dort von irgendwelchen Problemen berichtet wurde. Was bekanntlich nicht der Fall war. Der nächste Schritt wäre vielleicht noch eine ergebnislose Suche im Internet gewesen. »Offensichtlich«, so hätten sich die Elefanten schließlich gedacht, »haben wir uns dieses komische Gefühl nur eingebildet.« Und wären geblieben, wo sie waren.

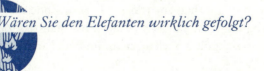

Wären Sie den Elefanten wirklich gefolgt?

Handle entschlossen oder gar nicht

Im alten Japan gab es neben den Samurai, die eine Art festes Dienstverhältnis bei ihren Herren hatten, auch die sogenannten »Ronin«. Bei diesen handelte es sich um »herrenlose« Samurai, die bei Bedarf engagiert wurden. Um potenziellen Kunden ihre wichtigste Fähigkeit, nämlich den perfekten Umgang mit dem Schwert, zu demonstrieren, veranstalteten Ronin immer wieder Schaukämpfe. Ein solcher galt erst dann als gewonnen, wenn der Gegner tot war. So verwundert es nicht, dass der Ronin Miyamoto Musashi in seinem »Buch der fünf Ringe« die unbedingte Notwendigkeit von Entschlossenheit besonders hervorhebt. So heißt es dort: »Wenn du das Schwert ziehst, dann musst du innerlich bereit sein, deinen Gegner zu töten.« – »In allen anderen Fällen«, muss man dem wohl heute hinzufügen, »lasse das Schwert in der Scheide stecken.«

Eigentlich hat Entschlossenheit als solche aber gar nichts mit Kampf zu tun. So kann man Musashis Anweisung auch als Aufforderung verstehen, sich stets im Vorhinein darüber klarzuwerden, ob man auch wirklich bereit ist, eine Angelegenheit bis zum Schluss durchzuziehen, also den eingeschlagenen Weg bis zum Ende zu gehen. Gleichgültig, wie lange es dauert, bis man das Ziel erreicht, gleichgültig, welche zuvor unabsehbaren Anstrengungen der Weg später noch erfordern wird. Hat man aber ohnehin nicht vor, den Gegner zu töten, warum sollte man ihn dann zu einem potenziell tödlichen Kampf herausfordern?

Der große Vorteil dieser Überlegungen auch im Alltag ist, dass sie Ihnen viele Kämpfe ersparen. Gewöhnen Sie sich nämlich daran, jede mögliche Auseinandersetzung bis zu ihrem theoretischen Ende zu durchdenken, erkennen Sie plötzlich erstaunlich vieles, was Ihnen die Freude am »Kampf« nehmen könnte. Sei es, weil Ihr Vorhaben zu teuer, zu langwierig oder zu anstrengend würde.

Nehmen wir beispielsweise einmal an, Sie geraten wegen einer Kleinigkeit mit dem Besitzer eines Ladens in Streit. Obwohl er sich eigentlich lediglich weigert, eine nur wenige Euro teure Ware zurückzunehmen, eskaliert die Situation, und Sie drohen, den Fall Ihrem Anwalt zu übergeben. Ihr Gegenüber reagiert mit einem belustigten: »Dann tun Sie das doch!«, und schon rufen Sie verärgert Ihren Rechtsbeistand an. Anders ausgedrückt: Sie ziehen Ihr Schwert. Wären Sie aber auch wirklich bereit, diesen unachtsam angezettelten Kampf bis zum Ende durchzuziehen? Ich meine damit nicht, dass Sie darauf hoffen, Ihr Gegner werde von dem anwaltlichen Schreiben derart beeindruckt sein, dass er klein beigibt. Ich denke hier vielmehr an einen Gang durch alle Instanzen, der nach sieben Jahren schließlich beim Obersten Gericht landet. Natürlich muss es nicht so enden, aber es kann.

Stellen Sie aber erst nach einigen verlorenen Jahren und einer Menge verlorenen Geldes fest, dass die lächerliche Streitsumme diesen Einsatz doch überhaupt nicht wert war, was tun Sie dann? Kämpfen Sie weiter und investieren Sie noch mehr Zeit und Geld in etwas, das Ihnen gar nicht mehr sinnvoll erscheint? Oder versuchen Sie, sich mit dem Gegner auf eine Einstellung des Verfahrens zu einigen?

Was genau hätten Sie dann durch eine außergerichtliche Einigung gewonnen? Nichts, was Sie nicht auch zu Anfang hätten erreichen können, hätten Sie Ihre Entschlossenheit da schon hinterfragt.

Ein chinesisches Sprichwort sagt: »Nur die Hälfte des Weges zurücklegen und dann schwach werden, das ist es, was du am meisten fürchten sollst.« Dann nämlich wäre es am besten gewesen, man hätte den Weg erst gar nicht eingeschlagen.

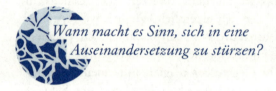

Wann macht es Sinn, sich in eine Auseinandersetzung zu stürzen?

Erkenne die Kraft deiner Worte

Wo immer Chinesen sich niederlassen, bringen sie ihre Traditionen mit. So findet sich überall, wo Chinesen leben, der Brauch, handgemalte Schriftzeichen an die Wände zu hängen. Am häufigsten vertreten ist bei diesen Kalligraphien das Symbol für »Wohlstand«. Doch auch das in der chinesischen Sprache wohl einzigartige Zeichen für »doppeltes Glück« ist sehr oft zu sehen: Dieses Symbol, bei dem das Schriftzeichen für Glück zweimal nebeneinandergeschrieben wird, schenkt man gerne jungen Paaren zur Hochzeit. Diese Kalligraphien dienen aber nicht nur als Wandschmuck. Vielmehr soll nach asiatischer Vorstellung die Energie der geschriebenen Worte auf den Betrachter übergehen. Denn Sprache, so ist man sich in Asien sicher, hat mehr Kraft, als es den Menschen im Allgemeinen bewusst ist.

So erzählt eine Zen-Geschichte von einem alten Mönch, der als Meister auf dem Gebiet der Heilung galt. Eines Tages wurde er zu einem todkranken Jungen gerufen. Er kniete vor dem Kleinen nieder und flüsterte ihm einige Worte ins Ohr. Dann stand er wieder auf, verneigte sich und sagte zu den Eltern: »Jetzt wird er wieder gesund werden.« Zornig fragte daraufhin der Vater: »Was soll das heißen? Mein Kind soll durch ein paar geflüsterte Worte geheilt werden?« Der Meister sah ihn nur an und sagte verächtlich: »Was verstehst du schon davon? Du bist doch nur ein armer Narr!« Da wurde der Mann so wütend, dass er mit der Faust auf den Tisch schlug. Lächelnd sagte der Mönch: »Wenn meine Worte die Kraft haben, deinen Körper derart in Zorn zu versetzen, warum sollten sie dann nicht auch die Kraft haben zu heilen?«

Worte haben eine ungeheure Kraft. Denken Sie nur an Glaubenssätze wie »Wenn es wirklich so einfach wäre, würde es doch jeder machen!«, »Ich fürchte, daran sind schon klügere Menschen gescheitert« oder »Dort werden sie ausgerechnet auf mich warten ...«. Alles Worte, mit denen wir uns selbst die Energie und die Möglichkeit nehmen, durchaus realistische Ziele zu erreichen. Dabei sind diese Floskeln wohl nur die Spitze eines riesigen Eisberges. Wenn Sie die wirkliche Macht von Sprache verstehen wollen, dann überlegen Sie einmal, welchen Unterschied es macht, ob Sie etwas »lange« nicht mehr gemacht haben oder aber »zu lange«. Ein simpler, aus zwei Buchstaben bestehender Laut, der aber im Extremfall dafür sorgen wird, dass Sie eine Sache nie wieder tun.

Seien Sie achtsam mit Ihrer Sprache. Denn auch Ihre Worte haben die Fähigkeit, zu provozieren, zu heilen und Ihr ganzes Leben zu verändern.

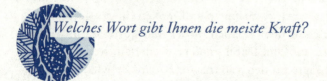
Welches Wort gibt Ihnen die meiste Kraft?

Lasse niemals nach

Seit der Öffnung Vietnams für Individualreisende vor etwa zwanzig Jahren hat sich der Stadtteil Saigon in der Metropole Ho Chi Minh Stadt zu einem wichtigen Treffpunkt für Touristen entwickelt. Da sich mittlerweile herumgesprochen hat, dass man mit Reisenden gutes Geld verdienen kann, finden sich in dieser Gegend neben Unterkünften aller Preisklassen auch eine Menge Restaurants. Bedingt durch die Klimazone ist das Wetter in Südvietnam das ganze Jahr über warm, und so erweitern viele Lokale ihr Angebot an Sitzmöglichkeiten, indem sie Tische und Stühle auch auf der Straße aufstellen. So verfügt mein Lieblingslokal, das sich in einer theoretisch für den Verkehr gesperrten Straße befindet, draußen geschätzt über doppelt so viele Sitzgelegenheiten wie drinnen. Nachdem sich die Anzahl der Restaurants in den letzten Jahren gefühlt verhundertfacht hat, übersteigt nun das Angebot die Nachfrage bei weitem. Folglich stehen mit Speisekarten ausgestattete Mitarbeiter vor den Lokalen und versuchen, Gäste hineinzulocken. Als ich eines Tages an meinem Lieblingsrestaurant vorbeiging, wurde ich wie jedes Mal aufgefordert, doch zum Abendessen zu bleiben. Da ich Hunger verspürte, blieb ich stehen und überlegte. Doch als ich einen Blick auf die Tische warf, stellte ich zu meinem Erstaunen fest, dass alle bis auf einen voll besetzt waren. Einen kurzen Moment empfand ich

das Verhalten des Personals als unverschämt. Obwohl das Restaurant brechend voll war, bemühten sie sich weiter so eifrig um Kunden, als hätten sie überhaupt keine Gäste. Konnten die denn nie genug bekommen?
Leicht verärgert beschloss ich, diese vermeintliche Gier nicht noch zu unterstützen, und lief weiter. Bereits nach wenigen Schritten wurde mir aber klar, dass es hier keineswegs um Gier ging. Die Sache war einfach die, dass von zehn Tischen nur neun besetzt waren. Daher gab es keinen Grund, in der Anstrengung bei der Werbung um neue Kunden nachzulassen!
Das brachte mich zu der Frage, wie wir eigentlich in Europa Erfolg betrachten. Kann man ein Ziel wirklich als erreicht bezeichnen, wenn man nach neun Zehnteln des Weges aufgibt und darauf verzichtet, auch noch das restliche Stück zu gehen? Viele tun das, da bin ich mir meiner Beobachtungen sicher. Ganz generell habe ich den Eindruck, dass Europäer gerne davon sprechen, für eine Sache hundertundzwanzig Prozent zu geben – während Asiaten es auch tun.
Als nämlich mein Hunger so groß wurde, dass ich beschloss, in das geschmähte Lokal zurückzukehren, hatten die Kundenwerber gerade Pause. Ein schneller Blick verriet mir, dass an dem soeben noch leeren Tisch eine Dreier-Gruppe Platz genommen hatte. Was den Kellner bei meinem Anblick aber nicht daran hinderte, umgehend aufzuspringen und zu fragen, ob es wohl in Ordnung sei, wenn ich den letzten noch verbleibenden Platz besetzte ...

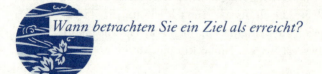

Wann betrachten Sie ein Ziel als erreicht?

Ignoriere Versagensangst

Einmal hatte ich auf einer Reise in Vietnam die Gelegenheit, eine Fabrik zu besichtigen, in der Vasen und Wandteller hergestellt wurden. Besonders in Erinnerung geblieben ist mir ein junger Mann, dessen Aufgabe darin bestand, Muster auf die fertigen Produkte zu malen. Als ich ihn beobachtete, war er gerade dabei, mit einem Pinsel rund um eine Vase einen dünnen Strich zu zeichnen. Er stand da mit dem Gefäß in der Hand und malte ohne irgendein Hilfsmittel eine exakt gerade Linie. Gespannt wartete ich, ob sich die beiden Enden wohl wirklich treffen würden, was sie mit erstaunlicher Selbstverständlichkeit taten. Der Junge, der weder meine Anwesenheit noch meine Verblüffung wahrgenommen hatte, stellte das Gefäß zu den fertigen, nahm das nächste zur Hand und begann in völliger Ruhe die gleiche Prozedur von vorne. Ich war beeindruckt und fragte mich, wie es dem jungen Mann wohl möglich war, so entspannt und fehlerfrei zu arbeiten. Als ich noch einmal zurückkehrte, um ihn weiter zu beobachten, wurde mir klar, worin sein Geheimnis lag: Offensichtlich beschäftigte er sich gar nicht mit der Möglichkeit, dass er etwas falsch machen könne. Er machte seine Arbeit, und das war es.
Wie ist das eigentlich bei Ihnen? Wie oft beschäftigen Sie sich mit der Frage, was passiert, wenn Sie etwas richtig machen? Ich nehme einmal an, recht selten. Und wie oft

denken Sie darüber nach, welche Konsequenzen es hat, wenn etwas danebengeht? Ich nehme an, dieser Gedanke beschäftigt Sie viel öfter.

Wenn Sie aber nun ohne Grund viel mehr Zeit und Energie in einen möglichen schlechten Ausgang stecken als in einen guten, wenn Sie also Ihre Gedanken vor allem um das Versagen kreisen lassen, was soll dann dabei herauskommen? Interessanterweise scheinen sich die Menschen im westlichen Kulturkreis ganz generell viel wohler zu fühlen mit der Annahme, dass etwas misslingt, als damit, dass es klappt.

Stellen Sie sich nur einmal vor, Sie wären unsicher, ob Sie sich die Verwirklichung eines Projektes zutrauen sollen. Also fragen Sie zehn Personen in Ihrem Bekanntenkreis, die Sie alle recht gut kennen. Neun von ihnen meinen: »Klar wirst du das schaffen! Mache es nur!« Nur eine einzige Person, die Sie viel weniger gut kennt, hat Zweifel und meint, Sie sollten es lieber lassen. Ganz ehrlich: Wem glauben Sie? Wessen Worte bleiben hängen?

Wollen Sie bei einer Sache Erfolg haben, dann halten Sie es am besten wie der junge Mann in Vietnam. Vergessen Sie die Möglichkeit zu versagen und tun Sie die Dinge einfach. Sollte nämlich einmal etwas wirklich danebengehen, können Sie sie es immer noch korrigieren.

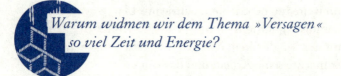

Warum widmen wir dem Thema »Versagen« so viel Zeit und Energie?

Verstehe Individualität

Ein Geschäftsmann, der auf den chinesischen Markt blickt, bekommt meist große Augen. Allein die Aussicht auf 1,4 Milliarden potenzielle Kunden lässt viele ins Träumen geraten. Was da zu verdienen wäre! Wenn man von jedem Chinesen auch nur einen einzigen Euro bekäme! Oft werde ich daher gefragt, womit man wohl auf diesem Markt das meiste Geld verdienen könne. Die Antwort ist ebenso einfach wie naheliegend: mit allem, was so etwas wie Individualität verspricht.

Ob Augenoperationen, die dem Patienten einen europäischen Augenschnitt verleihen sollen, oder mit Beinverlängerungen, um die Statur auf angeblich westliches Niveau zu heben: Das Geschäft mit dem vermeintlich individuellen Aussehen boomt. Vor allem in den großen Ballungszentren sieht man heute kaum noch Chinesen, die man auf Anhieb als solche erkennt. Jeder ist irgendwie verändert, und wer sich die teuren Operationen nicht leisten kann, der färbt sich zumindest das Haar. Egal, ob braun, rot oder graublond, Hauptsache nicht im ewig gleichen Schwarz, scheint die Devise. Als die ersten Asiaten vor einigen Jahren mit dem Färben begannen, sah das zwar eigenartig aus, weil selten der gewünschte Farbton herauskam – die schwarze Grundierung dominierte weiterhin –, doch es hatte eine nicht zu bestreitende Extravaganz. Heute hingegen ist gefärbtes Haar in vielen

Gegenden Standard, so dass die größten Individualisten ihr Haar wieder so lassen, wie es von Natur aus ist.

Am Ende aber macht das alles keinen Unterschied. Mit einer kleinen Veränderung des Aussehens erzielt man nämlich ohnehin keine echte Individualität. Natürlich machen Kleider Leute. Aber eben nur dann, wenn sie es auch ohne diese Kleidung bereits sind. So mag individuelles Aussehen zwar die Einzigartigkeit eines Menschen unterstreichen, erzeugen kann sie diese jedoch nicht. Egal, wie stark der extravagant Gekleidete nach außen hin wirkt: Die Maske ist ohne innere Stärke schnell durchschaut und wirkt meist lächerlich. Verstehen Sie mich bitte richtig, es möge jeder Mensch sein Äußeres so gestalten, wie es ihm gefällt. Was ich hingegen klarstellen möchte: Jene Individualität, die uns für unser Umfeld anziehend macht, wird nur zu einem erstaunlich geringen Teil durch Äußerlichkeiten erreicht. Ein extravagantes Äußeres mag uns den einen oder anderen bewundernden Blick einbringen. Aber das war es dann auch schon. Wer wirklich Charisma hat, könnte auch nackt Eindruck machen.

Was Sie besonders macht, kommt aus Ihrem inneren Selbst. Und genau dort muss jede Veränderung beginnen. Erst wenn Ihr Aussehen mit dem in Einklang steht, was Sie denken, wie Sie handeln und was Sie ausstrahlen, werden Sie als jenes wunderbare Individuum wahrgenommen werden, das Sie tatsächlich sind.

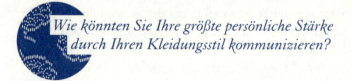

Wie könnten Sie Ihre größte persönliche Stärke durch Ihren Kleidungsstil kommunizieren?

Kontrolliere deine Wahrnehmung

Der chinesische Philosoph Lü Bu Wei erzählte einmal die folgende Geschichte. »Einst hatte jemand eine Axt verloren. Er hatte seines Nachbars Sohn in Verdacht. Er beobachtete die Art, wie er ging: es war die Art eines Axtdiebes; seine Mienen: es waren die eines Axtdiebes; seine Worte: es waren die eines Axtdiebes; seine Bewegungen und sein ganzes Wesen, alles, was er tat: alles war die Art eines Axtdiebes. Zufällig grub er dann einen Graben und fand seine Axt. Am anderen Tag sah er wieder seines Nachbars Sohn, alle seine Bewegungen und sein ganzes Wesen glichen nicht mehr der Art eines Axtdiebes. Sein Nachbarsohn hatte sich nicht verändert. Er selbst hatte sich verändert. Was war der Grund davon? Nichts anderes, als dass etwas da war, das ihn in unbefangener Beobachtung störte.«

Unbefangene Beobachtung scheint ganz grundsätzlich keine menschliche Stärke zu sein. So wurde in vielen Experimenten bewiesen, dass wir immer das sehen, was wir zu sehen erwarten, und alles, was gegen diese Erwartung spricht, einfach ausblenden. Auch der vermeintliche Axtdieb hatte die ganze Zeit ausgesehen wie jeder andere auch.

Unsere Erwartung verzerrt unsere Wahrnehmung. Vor vielen Jahren gab es einen Vorfall mit einem Zirkusclown, der sich auf die Rolle des unbeholfenen Tolpatsches spezialisiert hatte. Während einer Vorführung gab er diesen besonders realistisch. Er ließ sich auf eine Couch fallen, ruderte mit den Armen und sah auf seine ungeschickte Art schon fast mitleiderregend aus. Das Publikum war begeistert. So hatte das noch niemand gespielt. Bis plötzlich die Bewegungen des Clowns immer schwächer wurden und er regungslos liegen blieb. Erst da wurde den Zuschauern klar, dass gerade vor ihren Augen ein Mensch gestorben war.

Das eigentlich Gefährliche an beeinflusster Wahrnehmung ist, dass sie uns manipulierbar macht. Haben wir uns innerlich zu einer Sache entschlossen, beginnen wir automatisch und unbewusst, Argumente zu filtern. Wir blasen alles auf, was uns in unserer Meinung bestärkt, und reden uns klein, was dagegen spricht.

Ich erlebe als Reiseleiter diese Reaktion, wenn Reisende auf einmal mit dem Argument in Krisengebiete fahren wollen, es könne einen schließlich überall treffen. Außerdem seien die geschilderten Gefahren mit Sicherheit von ängstlichen Menschen übertrieben.

Sich nicht auf diese Weise selbst zu manipulieren erfordert viel Disziplin. Die wichtigste Voraussetzung ist, dass Sie selbst es abstellen wollen.

Hören Sie auf, sich in Ihre Wünsche und Vorstellungen zu verbeißen, lassen Sie ganz bewusst zu, dass auch das sein kann, was Ihnen nicht gefällt oder in den Kram passt. Stellen Sie sich in besonders hartnäckigen Fällen die Frage: »Was genau bringt mich eigentlich dazu, anzunehmen, dass die Dinge so sind, wie ich es glaube?«

Falls Sie dann beispielsweise feststellen, dass Sie einen vermeintlichen Axtdieb an dessen Bewegungen erkannt haben, sollten Sie unbedingt einen Schritt zurücktreten und die Überlegungen noch einmal von vorne beginnen.

Woran erkennt man einen erfolgreichen Menschen?

Setze Prioritäten

Die Menschen im asiatischen Raum haben viele Gemeinsamkeiten – zumindest aus einer europäisch-zentrierten Sicht. Und doch gibt es gleichzeitig vieles, was sie trennt. So haben sich selbst benachbarte Völker, die einen Teil ihrer Geschichte teilen, im Laufe der Zeit so unterschiedlich entwickelt, wie es nur sein kann. Ein schönes Beispiel dafür bieten die beiden Volksrepubliken China und Vietnam.

Einen ersten Einblick in die verschiedenen Anschauungen erhält der Reisende bereits an der Grenze. Erreicht man diese auf der chinesischen Seite, so erwartet einen nicht ein Zollhaus, sondern eine halbe Stadt. Riesige, hallenartige Gebäude, Geschäfte in der Größe von Einkaufszentren. Alles hier wurde in den letzten Jahren erneuert und modernisiert. Klotzen statt kleckern, lautete wohl die Devise. Wer hierherkommt, soll offensichtlich sehen, wo das Geld zu Hause ist. Doch die riesigen Bauten haben vor allem die Wege verlängert und vieles verkompliziert. War die Ausreiseprozedur früher eine Sache weniger Minuten, so dauert sie heute oft eine Stunde oder sogar länger.

Wer diese Seite der Grenze endlich hinter sich gebracht hat, erreicht wenige Meter weiter staunend den vietnamesischen Grenzposten. Anstelle von Protzbauten steht hier eine kleine Holzhütte, in der drei mit einem Stempel und einem Computer ausgestattete Beamte Dienst tun. Entsprechend rasch sind auch die Formalitäten abgewickelt. Reisepass hinlegen, Visum scannen und abstempeln lassen – und schon geht es weiter. Auch wenn die vietnamesische Seite der Grenze nicht halb so pompös aussieht wie die chinesische, ist sie mindestens zehn Mal so effizient.

Ganz generell scheint mir in der Frage nach der Definition von Reichtum der größte Unterschied zwischen den beiden demonstrativ zur Schau gestellten Kulturen zu liegen. Für einen Chinesen, so habe ich oft den Eindruck, ist Reichtum etwas, das er nach außen trägt. Das kann ein sehr teures Fahrzeug sein, das man vor aller Augen fährt – was vielleicht auch die extrem hohe Autodichte in vielen Regionen mit erklärt. Die Konsequenz dieser Einstellung ist, dass man durchaus auch einmal neun Tage hintereinander im Stau ausharren muss, wie es 2010 in der Provinz Hebei einigen Chinesen passiert ist.

Ein solches Ereignis hingegen ist auch heute noch in Vietnam höchst unwahrscheinlich. Der Reichtum der Menschen dort ist von einer anderen Art: Sie haben Zeit. Ihnen scheint auch weniger wichtig zu sein, dass etwas gut aussieht, als dass es gut funktioniert. Deshalb fahren viele, die sich eigentlich ein Auto leisten könnten, mit einem kleinen wendigen Motorroller. Wer einmal in Vietnam gewesen ist, weiß, dass dieser bei Bedarf einen Kleinbus ersetzt und den Vorteil hat, dass man seine Zeit nicht im Verkehrschaos auf der Straße, sondern daheim bei der Familie verbringt.

Nun mögen Sie vielleicht einwenden, dass ein Manager auf einem billigen Motorroller doch keineswegs standesgemäß daherkommt! Aber einmal ganz ehrlich: Sieht es denn wirklich um so vieles besser aus, im teuren Mercedes im Stau zu stehen?

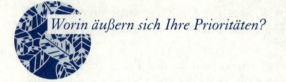
Worin äußern sich Ihre Prioritäten?

三十四

Lasse Probleme bei deinem Gegner

Wie überall auf der Welt finden Elemente der englischen Sprache mittlerweile auch in Asien immer größere Verbreitung. Auch wenn das jetzt vielleicht gerade für Sie als interessierten Reisenden praktisch klingt, funktioniert es in Wirklichkeit nur sehr eingeschränkt. So etwas wie eine normale Konversation ist nämlich trotzdem nur mit den wenigsten Menschen möglich. Nicht Sprachbeherrschung oder gar sprachliche Brillanz sind dann gefragt, sondern vielmehr die Fähigkeit, die Sprache auf ein minimalverständliches Niveau herunterzubrechen. Soll ein Saft ohne Eis kommen, bestellt man daher auch keinen »Juice without ice«. Korrekt heißt es dort: »Juice with no ice«, auch wenn das natürlich semantisch falsch ist. Allerdings haben Sie vielleicht das gewünschte Ergebnis im Glas.

Manchmal beschleicht mich jedoch der Verdacht, in den Touristenorten würde dieses Nicht-Verstehen von manchen Asiaten bewusst kultiviert. Schließlich kann es ihnen von unschätzbarem Vorteil sein, nicht ständig über alles diskutieren zu müssen. Richtig eingesetzt wird dieses Verhalten zu einer unschlagbaren Waffe, die vor allem im Kampf gegen Beschwerden eingesetzt wird.

Ich bezeichne dieses Verhalten als die »Echo-Methode«. Die dahinterstehende Technik ist schlicht und einfach überwältigend. Ein Beispiel der Anwendung: Ein aufgeregter Gast stürmt zur Rezeption. In stark aufgebrachtem bis beleidigendem Tonfall erklärt er der diensthabenden Dame, dass wieder einmal das Internet nicht funktioniere. Die junge Rezeptionistin setzt umgehend ihr freundlichstes Lächeln auf und beginnt, statt der erwarteten Rechtfertigung die Beschwerde bestätigend zu wiederholen. »Ja, ja, sorry mein Herr, ja, Internet funktioniert nicht!« Woraufhin sich folgender Dialog entspinnt: »Gut. Aber wird es dann morgen endlich wieder funktionieren?« – »Ja, ja, morgen wieder funktionieren!« Der Gast wird nervös. »Aber das behaupten Sie jetzt schon seit drei Tagen!« – »Ja, ja, drei Tage!« – »Also wann jetzt? Morgen oder doch erst übermorgen?« – »Ja, ja, morgen oder übermorgen, ja, ja.« Der genervte Gast gibt auf und geht. Die Rezeptionistin, die weder weiß, warum, noch, wie lange das Internet nicht funktioniert, hat gewonnen. Die Echo-Methode war erfolgreich.

Was aber macht nun diese Technik so effektiv? Die simple Tatsache, dass, wer sie anwendet, die Vorwürfe gar nicht erst an sich heranlässt. Es gibt ja auch keinen Grund, ausgerechnet die Rezeptionistin für ein Computerversagen zur Rechenschaft zu ziehen. Warum sollte sie das ausbaden?

Lächeln, so hat man in Asien schon vor langem erkannt, ist die beste Antwort. Denn nur damit machen Sie ein Problem, das ein anderer hat, nicht zu Ihrem. Vielmehr lassen Sie es dort, wo es hingehört: bei Ihrem Gegner.

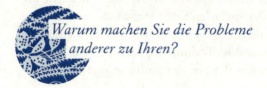

Warum machen Sie die Probleme anderer zu Ihren?

Erlange Selbstwertgefühl

Denkt man an buddhistische Mönche, so entsteht vor dem geistigen Auge meist ein Bild von rot gewandeten, in friedlicher Meditation und Stille verharrenden Männern. Gilt doch völlig zu Recht gerade der Buddhismus als eine Religion des Friedens und der Ruhe. Einzig die Mönche von Shaolin passen in diese Idylle vermeintlich so gar nicht hinein. Oder lassen sich Buddhas Ideen tatsächlich mit Kampfkunst auf höchstem Niveau vereinbaren?

Um diesen scheinbaren Widerspruch zu verstehen, muss man wissen, dass das oberste Ziel der Kämpfer in Shaolin niemals der Kampf, sondern im Gegenteil gerade die Vermeidung jeder Auseinandersetzung war. Die Novizen lernten von Beginn an, dass es das ausschließliche Ziel des jahrelangen Trainings sei, so gut kämpfen zu lernen, dass sie nie wieder kämpfen müssten.

Die meisten Kämpfe, so erkannten die Mönche nämlich schon vor Hunderten von Jahren, entstehen allein aus Angst. Diese Annahme lässt sich ganz einfach dadurch belegen, dass sich wohl nur die wenigsten Menschen von einem offensichtlich körperlich unterlegenen Gegner zu einer Schlägerei provozieren ließen. So sorgt umgekehrt die Gewissheit, dem Angreifer tatsächlich überlegen zu sein, dafür, dass ein Shaolin-Kämpfer jeder Handgreiflichkeit souverän aus dem Weg geht. Sie würden vermutlich auch nicht mit Gewalt reagieren, wenn ein dreijähriges

Kind Sie bedroht. Im Umkehrschluss beruht die Wirkung jeder Drohung darauf, dass wir selbst den Gegner mächtig machen, indem wir uns ihm eingeschüchtert unterordnen. Das Problem dabei ist, dass in diesem Moment die Entscheidung gefallen ist. Von jetzt an ist es völlig gleichgültig, wie stark wir tatsächlich sind. Halten wir uns selbst für schwach, ist paradoxerweise schon deshalb ein Kampf in den meisten Fällen kaum zu vermeiden. Warum? Weil wir oft selbst eine Auseinandersetzung beginnen, wo wir keine andere Möglichkeit sehen, uns durchzusetzen. Oder weil wir uns in unserer Angst plötzlich auch dort bedroht fühlen, wo unser Gegenüber das gar nicht beabsichtigt hatte.

Daher reichen für wahre Überlegenheit überlegene körperliche Fähigkeiten nicht aus. Es genügt nicht, unbesiegbar zu sein. Vielmehr muss man sich seiner Fähigkeiten auch bewusst sein.

In einem anderen Kontext wird das deutlicher. Denken Sie nur an eine Verkaufssituation. Da ist der Kunde schon deshalb scheinbar in der überlegenen Position, weil der Verkäufer sich und seine Ware hinterfragt, wenn ein Kunde nicht kauft. Dadurch aber wird der Kauf zu einer Gnadenhandlung des Kunden hochstilisiert und dieser damit zum vermeintlich unerreichbaren Gegner. Tatsache ist jedoch, dass niemand etwas kauft, um jemandem einen Gefallen zu tun. Menschen kaufen, weil sie Bedürfnisse befriedigen wollen.

Warum aber, so frage ich mich oft, fürchten auf der anderen Seite die wenigsten Käufer, der Händler könne sich weigern, ihnen etwas zu verkaufen? Weil sie sich im Gegensatz zu diesem ihrer Position der Stärke bewusst sind.

Wann immer Sie den Kopf frei haben, sollten Sie sich die Mühe machen, sich Ihre Stärken ins Bewusstsein zu rufen. Schwach ist nur derjenige, der sich selbst für schwach hält. Wer aber weiß, wie erstaunlich gut er eigentlich kämpfen kann, wird es irgendwann nicht mehr tun müssen.

Warum fühlen sich auch schwache Verkäufer als Kunden stark?

Vermeide Assoziationen

Wer einmal in einem chinesischen Hotel zu Gast war, hat dort sehr wahrscheinlich etwas Erstaunliches festgestellt: Weder gibt es im Aufzug einen Knopf für den vierten Stock noch einen Schlüssel für ein Zimmer mit der Nummer vier. Das hat seinen Grund darin, dass beides schlicht und einfach nicht existiert. Kein chinesischer Gast würde nämlich in diesem Zimmer oder gar auf diesem Stockwerk wohnen wollen, da der Aufenthalt dort nach seiner Vorstellung mit großer Wahrscheinlichkeit Unglück brächte. Warum dieses Vorurteil? Weil sich das chinesische Wort für die Zahl »Vier« nur durch den Ton vom Wort für »Tod« unterscheidet. Dass das gleiche Wort, in einem anderen Ton gesprochen, auch »Tempel« bedeuten kann, ist da schon nicht mehr relevant.

Nun betrifft die Sache mit der Vier natürlich nicht nur Hotels, sondern zieht sich durch das ganze Leben. So kann man beispielsweise in China nicht nur bestimmte Autokennzeichen, sondern auch Telefonnummern kaufen. Je mehr Vierer diese enthalten, desto günstiger sind sie zu bekommen. Man kann hier richtig viel Geld sparen, sollte sich allerdings auch über die Konsequenzen im Klaren sein. Teuer wird es umgekehrt mit der Acht. Die gilt nämlich wegen des Gleichklanges mit dem Wort »vorwärts« als absolute Glückszahl. Im Kantonesischen wird acht »fa« ausgesprochen – was denselben Klang hat wie »bevorstehender Reichtum«. Beides übrigens ein Grund, warum dieses Buch 88 Kapitel hat.

So lustig und eigenartig uns dieses Verhalten nun auch erscheinen mag – auch wir Europäer entscheiden mehr auf der Grundlage von Assoziationen, als wir glauben. Nehmen wir einmal an, Sie finden eines Tages in einem Elektromarkt ein Produkt, dessen Markenname wie die Abwandlung einer international bekannten Marke klingt. Ich wage zu behaupten, dass Ihre erste Idee ist, hier habe ein chinesisches Unternehmen den Namen einer großen Firma missbraucht, um von deren Erfolg zu profitieren. Bestimmt sind Sie folglich automatisch der Meinung, dass die Ware von minderwertiger Qualität ist. Andernfalls hätte die betroffene Firma solche Praktiken ja nicht nötig. Zur Erinnerung: All diese Gedanken gehen Ihnen nur deshalb durch den Kopf, weil der Firmenname Sie an etwas erinnert. Woher glauben Sie aber eigentlich zu wissen, wer hier von wem kopiert hat? Schließlich könnten die beiden Firmennamen einfach unabhängig voneinander entstanden sein – oder der erst viel später erfolgreichen Firma hat der Name des damals gleichfalls unbekannten Mitbewerbers einfach gefallen.

Sie aber werden mit großer Wahrscheinlichkeit das Gerät, von dem Sie annehmen, es handle sich um einen billigen Klon, gar nicht erst in die Hand nehmen. Genauso verhält es sich, wenn Sie einen potenziellen Mitarbeiter nicht zum Vorstellungsgespräch einladen, weil er auf dem Bewerbungsfoto einem Klassenlehrer ähnelt, den Sie als Kind nicht mochten. Oder wenn Sie sonst etwas ablehnen, nur weil es Sie an etwas erinnert. Vermeiden

Sie diese »Kurzschlüsse«, sonst geht es Ihnen am Ende wie den Chinesen, die nie erfahren werden, dass man in Europa die schönsten Zimmer im vierten Stock vor ihnen versteckt.

Welche falschen Assoziationen wecken Sie in Menschen?

三十七

STÄRKE DEINE STÄRKEN

Da das Shaolin-Kloster wohl eine der höchstmöglichen Stufen der Kampfkunst repräsentiert, habe ich einmal meinen Meister gefragt, wie man sich selbst am effizientesten verbessern kann. Er meinte daraufhin: »Konzentriere dich einfach auf das, was du bereits kannst, und versuche, darin noch besser zu werden!«

Dieser Ansatz zum Thema Verbesserung ist meiner Erfahrung nach dem Denken in Europa ziemlich genau entgegengesetzt. So erinnere ich mich, bereits als Kind gelernt zu haben, mich nicht mit dem auseinanderzusetzen, was mir ohnehin leichtfällt. Vielmehr sollte ich nach Meinung meiner Lehrer versuchen, dort besser zu werden, wo ich Schwächen erkannte.

Heute weiß ich, dass diese Einstellung ziemlich unsinnig ist, da sie unserer natürlichen Veranlagung völlig widerspricht. Kein Tier käme jemals auf die Idee, sich mit der Frage zu beschäftigen, was es nicht kann!

Denken Sie nur einmal an den Tiger. Dieser versucht durchaus seine Jagdtechnik zu verfeinern. Er übt das noch lautlosere Anschleichen oder das noch schnellere Attackieren. Ein Verhalten, das aber nach menschlichem Dafürhalten völlig verkehrt ist. Schließlich beherrscht er ja beides schon in ausreichendem Maße! Da wäre es doch viel wichtiger, sich mit den Unzulänglichkeiten zu beschäftigen, zum Beispiel mit der Tatsache, dass ein Tiger zwar sehr gut schwimmen und recht gut klettern kann, aber überhaupt nicht fliegen. Denken Sie, dass diese Tiere damit ein Problem hätten?

Auch das Shaolin-Kloster, so meinte Meister Shi De Cheng, würde nur deshalb bis heute bestehen, weil man sich ausschließlich damit beschäftigt habe, das zu perfektionieren, von dem man ohnehin schon viel verstand: der Kunst des kampflosen Sieges. Niemals aber wären die Mönche auf die Idee gekommen, Zeit und Energie darauf zu verschwenden, ihren Wissensmangel im Bereich der Reiterei oder der Rüstungsherstellung zu beseitigen. Im Kloster legte man den Fokus lieber darauf, das auszubauen, was bereits vorhanden war.

Nur wer lernt, die eigenen Stärken zu finden, zu akzeptieren und an ihnen zu arbeiten, wird es in einem Bereich zur Perfektion bringen. Wer sich aber stattdessen ständig mit dem beschäftigt, was er nicht kann, und dabei seine vorhandenen Fähigkeiten vernachlässigt, ist am Ende in allem, was er tut, nur Mittelmaß.

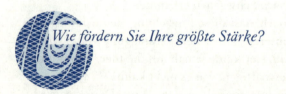

Wie fördern Sie Ihre größte Stärke?

三十八

Lasse dich nicht bevormunden

Wer jemals in Asien mit öffentlichen Verkehrsmitteln unterwegs gewesen ist, weiß, dass die dortigen Standards von den unsrigen abweichen. So gilt beispielsweise in vielen Gegenden die Regel, dass ein Autobus dann voll ist, wenn alle, die mitfahren möchten, darin untergebracht sind. Anders gesagt: Es gibt keine erkennbare Relation zwischen der Anzahl der Sitze und der Zahl der möglichen Fahrgäste. Sind nämlich die regulär verfügbaren Plätze besetzt, so bringt üblicherweise der Fahrer noch einige Plastikhocker, die im Mittelgang aufgestellt werden. Auf diesen nehmen jene Reisenden Platz, die zwar eigentlich keinen Sitzplatz mehr bekommen haben, trotzdem aber noch mitfahren möchten. Viele ziehen eine unbequeme Fahrt einem zwölfstündigen Aufenthalt auf dem Busbahnhof vor. Obwohl es in China meist etwas strenger zugeht, gilt diese Regelung normalerweise auch dort.

Einmal jedoch saß ich in einem zur Abfahrt bereitstehenden Bus, als die Sache außer Kontrolle geriet. Eine besonders genaue Mitarbeiterin der Bahnhofsbehörde hatte nämlich erkannt, dass der Bus überfüllt war. Nach mehreren Zählungen und unter Zuhilfenahme verschiedenster Listen stellte sie schließlich fest, dass ebenjene Passagiere das Problem darstellten, die im Gang Platz genommen hatten. Es folgte eine kurze, lebhafte Diskussion mit dem Fahrer, die schließlich in der Anweisung endete, die überzähligen Gäste sollten den Bus verlassen. Schuldbewusst und mit gesenktem Haupt kamen die Überzähligen dem Befehl nach – und die Beamtin erteilte sichtlich zufrieden die Erlaubnis zur Abfahrt.

Gerade wollte ich die Zurückgebliebenen bemitleiden, als der Bus schon wieder anhielt, kurz nachdem wir das Bahnhofsgelände verlassen hatten. Der Fahrer öffnete die Tür, holte die Plastikhocker aus dem Kofferraum, die nicht genehmigten Mitreisenden stiegen ein, und wir fuhren weiter.

Mein erster Gedanke war: »Stell dir einmal vor, das wäre bei uns passiert!« Vor meinem geistigen Auge sah ich, wie die ersten Passagiere hektisch zu ihren Mobiltelefonen griffen, um der Bahnhofsbehörde zu berichten, was da gerade vorgefallen war.

Verstehen Sie mich bitte richtig: Es ist mir vollkommen bewusst, dass es hier auch um die Frage der Sicherheit der im Gang sitzenden Reisenden ging. Im Falle eines Unfalls hätten diese tatsächlich schlechte Karten gehabt. Andererseits: Hatten diese Passagiere nicht das Risiko bewusst in Kauf genommen, als sie sogar hinter dem Bus hergekommen waren? Wen interessiert das? Müsste es nicht allen anderen mit Verlaub egal sein?

Selbst wenn nach außen hin oft ein gegenteiliger Eindruck entsteht und man der »Masse« auch gleiches Handeln unterstellt, schätzen viele Asiaten es überhaupt nicht, bevormundet zu werden. Auch wenn sie sich nicht offen gegen Anweisungen auflehnen, handeln sie am Ende doch meist so, wie sie es wollen. So hat vor vielen Jahren einmal ein Vietnamese zu mir gesagt: »Wenn uns die

Regierung verbietet, etwas vor dem Haus zu machen, dann machen wir es eben hinter dem Haus.« Und wenn ein Beamter ihnen verbietet, auf dem Bahnhofsgelände in den Bus zu steigen, so steigen sie eben anderswo ein.

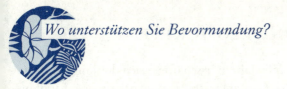
Wo unterstützen Sie Bevormundung?

Erlerne Absichtslosigkeit

Vor über 2500 Jahren beschäftigte sich der junge Adelige Siddhartha Gautama aus dem nepalesischen Lumbini mit der Frage, warum wir Menschen eigentlich leiden. Es müsse doch, so meinte er, eine Möglichkeit geben, diesen unangenehmen Zustand zu beenden. Er war derart besessen von dieser Frage, dass er sein ganzes Leben der Aufgabe widmete, eine Antwort zu finden. Nach vielen fruchtlosen Versuchen, bei denen er sich fast selbst zu Tode brachte, kam ihm eines Nachmittags unter einem Feigenbaum sitzend schließlich die erleuchtende Idee. Gautama, der sich fortan »Buddha« nannte, was im Sanskrit so viel wie »der Erwachte« bedeutet, erkannte, dass Menschen leiden, weil sie ständig haben möchten, was nicht ist.

Doch nicht nur enttäuschte Gier nach Besitz führt seiner Ansicht nach zu Leid. Viel mehr Enttäuschungen entstehen nach Buddhas Einsicht aus der Tatsache, dass Menschen fast immer aus einer Absicht heraus handeln. Sie denken: »Ich tue dieses, weil ich erwarte, dass du dann jenes tust.«

Das mag zwar vernünftig erscheinen, ist es aber nicht. Schließlich können wir uns eine bestimmte Reaktion unseres Gegenübers zwar wünschen, erzwingen können wir sie nicht. Verhält sich nun aber ein anderer nicht so, wie wir uns das vorstellen, verursacht uns der Ärger über diesen Umstand Leid.

Ich selbst bin und war in Asien beispielsweise immer wieder mit der Tatsache konfrontiert, dass die Verkäufer in Geschäften, in denen ausschließlich Touristen einkaufen, meist recht unfreundlich sind. Oft habe ich daher versucht, meinem Gegenüber beim Bezahlen mit einer Verabschiedung in der Landessprache zumindest ein Lächeln zu entlocken. Reagierte der Verkäufer darauf nicht und behandelte mich weiterhin genauso schlecht wie alle anderen Ausländer auch, war ich versucht, mir zu denken: »Das hättest du dir jetzt aber sparen können!« Mittlerweile habe ich mir angewöhnt, einfach freundlich zu sein, weil ich selbst es möchte.

Viele Menschen aber leiden regelrecht unter dem Gedanken, sie hätten sich viel Aufwand und Ärger ersparen können, wenn sie nur die Reaktion ihres Gegenübers vorher geahnt und sich gleich entsprechend verhalten hätten. Doch selbst wenn das alles theoretisch richtig ist, kommt die Einsicht meistens zu spät. Schließlich macht es wenig Sinn, sich über etwas zu ärgern, was man bereits getan hat.

Wer mit seinen Aktionen andere Menschen in seinem Sinne beeinflussen will, liefert sich freiwillig potenziellen Gegnern aus. Schließlich überlässt er diesen die Kontrolle über sein Wohlbefinden, da sie nur bewusst gegen seine Erwartungen handeln müssen, um ihn aus dem inneren Gleichgewicht zu bringen.

Handeln Sie absichtslos. Tun Sie, was immer Sie tun, ausschließlich deshalb, weil Sie es selbst tun wollen, und nicht, weil Sie im Gegenzug etwas erwarten. Schließen Sie Ihre Handlung ab, und warten Sie, was daraufhin passiert. Kommt dann zu der Freude, die es Ihnen macht, jemandem ein Geschenk zu geben, auch noch begeisterter Dank, haben Sie zusätzlich etwas gewonnen. Und falls nicht, haben Sie zumindest nichts verloren.

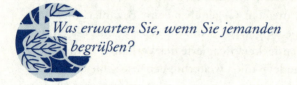

Was erwarten Sie, wenn Sie jemanden begrüßen?

Begreife Lebenszeit als Besitz

Zeit, so fällt mir beim Reisen in Asien immer wieder auf, ist relativ. Wie oft warte ich an einer Bushaltestelle. An einem Essensstand. Auf dem Flughafen. Meist geht mir dann der chinesische Spruch durch den Kopf: Geduld ist die Tugend des Orients. Vertane Zeit, möchte man meinen, diese Wartezeit. Und doch kann ich mich des Eindrucks nicht erwehren: Stünde ein Asiate, der noch in den alten Traditionen seines Kulturkreises denkt, vor der Wahl, Geld oder aber Lebenszeit zu verlieren, er würde, ohne zu zögern, auf das Geld verzichten.

Meiner Meinung nach liegt das daran, dass Lebenszeit in vielen Gegenden Asiens eine noch viel größere Bedeutung hat als bei uns. Meist geht es dort nicht darum, das Leben möglichst schnell hinter sich zu bringen, sondern nach Möglichkeit jeden Augenblick zu genießen. Womit ich keineswegs sagen möchte, dass man in Asien keinen Bezug zu Geld hat. Ganz im Gegenteil, es waren ja sogar Chinesen, die es ursprünglich erfunden haben. Aber sie haben auch die Anweisung dazu mitgeliefert, Besitz niemals über Zeit zu stellen. So sagt ein altes chinesisches Sprichwort: »Wann willst du das ganze Geld ausgeben, für das du dein Leben lang gearbeitet hast?«

Wenn es irgendetwas auf dieser Welt gibt, das uns tatsächlich gehört, dann ist es unsere Zeit. Alles andere ist entweder geborgt oder Illusion. Dennoch begreifen nur die allerwenigsten von uns ihre Zeit als wertvollsten Besitz, als das Einzige, was ihnen wirklich gehört. Vielleicht gehen wir deshalb recht nachlässig mit diesem Gut um.

Sagt man nicht, dass eine Ressource normalerweise umso teurer wird, je weniger von ihr verfügbar ist? Unsere Zeit ist endlich. Stellen Sie sich nur einmal die Auswirkungen auf den Goldpreis vor, wenn morgen verkündet würde, dass nicht sicher sei, ob man jemals neues Gold fände. Der Preis würde explodieren! Im Gegensatz zu Gold scheint Lebenszeit – denkt man wie wohl die meisten von uns – unendlich verfügbar zu sein. Was sich natürlich auf ihren Wert auswirkt. Selbst wenn es sich hierbei natürlich um Selbsttäuschung handelt, da niemand wissen kann, ob ihm überhaupt noch eine einzige weitere Minute zum Leben bleibt, erscheint uns alles andere wertvoller. Interessanterweise ist uns diese falsche Denkweise im Laufe der Jahrhunderte selbstverständlich geworden.

Stellen Sie sich vor, Ihr Unternehmen sei in einer Krise zu Einsparungen gezwungen, welchen Beitrag würden Sie leichter leisten? Eine unbezahlte Überstunde jeden Tag für einen Monat? Oder verzichten Sie lieber auf ein Zehntel Ihres Gehalts? Darf ich annehmen, dass Sie sich spontan für die Überstunde entscheiden würden? Weil der Verzicht auf Zeit offensichtlich weniger weh tut?

Bevor Sie sich darauf einlassen, allzu gierig Zeit gegen Geld zu tauschen, sollten Sie bedenken, dass Sie damit auf Dauer ein schlechtes Geschäft machen. Sollten Sie den Tausch irgendwann bereuen, können Sie ihn nämlich nicht mehr rückgängig machen. Auch für alles Geld der Welt bekommen Sie keine einzige Sekunde Leben.

Aber hört man den Menschen zu, dann fällt auf, dass sie für die Zeit ohnehin keine Verwendung hätten. Denn ob beim Warten auf den Zug, auf den Urlaub oder auf den nächsten Gehaltsscheck: Viel zu oft kann ihnen die Zeit gar nicht schnell genug vergehen. Immer wieder höre ich: »So und so viele Stunden muss ich noch totschlagen.« Wissen Sie, was komisch ist? Über Geld habe ich das noch nie jemanden sagen hören.

Welchen Wert hat eine Stunde Ihrer Lebenszeit?

Winke das Glück herbei

Während ich mich früher ständig staunend über die vielen neuen Eindrücke durch Asien bewegt habe, gibt es mittlerweile immer weniger, was man nur in ausgewählten Ländern Asiens sehen kann. Vieles hat im Laufe der Jahre auch seinen Weg zu uns gefunden. So gehört beispielsweise eine Darstellung des dicken, immer lachenden Buddha heute zur Standardausstattung jedes China-Restaurants und findet sich in vielen Wohnzimmern als Deko-Objekt.

Doch auch die goldenen Winke-Katzen, die in Asien meistens korrekt an der Theke neben der Kasse stehen, sind vielen mittlerweile ein vertrauter Anblick. Dieses Tier, das auf den ersten Blick den Eindruck macht, es solle die Gäste begrüßen oder verabschieden, hat in Asien viele Funktionen. In erster Linie soll die Katze mit ihrem unablässigen Winken Kunden anlocken. Auf Marktplätzen und Ausstellungen ist ihre Aufgabe, finanzielles wie geschäftliches Glück herbeizuholen – und in privaten Häusern soll sie Wohlstand bringen und Unglück fernhalten. In Japan kommt es zusätzlich auf die Farbe der Katze an. Eine von ihnen soll sogar in der Lage sein, Stalker fernzuhalten.

Interessant finde ich dabei, dass seit der Erfindung der batteriebetriebenen Manekineko diese vor allem in China, Thailand und Japan allgegenwärtigen Glücksbringer ständig in Bewegung sind. Denn auch wenn die Katze aus Keramik ursprünglich unbeweglich war, meinen viele Asiaten, dass nur die beweglichen Exemplare wirklichen Erfolg versprächen. Mir gefällt die erstaunliche Symbolik dahinter: Glück und Wohlstand, so könnte man sie übersetzen, kommen nicht vom untätigen Warten. Sie möchten vielmehr gleichsam gebeten werden. Nur herumstehen und hoffen, dass etwas passiert, genügt nicht. Man muss auch etwas für sein Glück tun. Eine Idee, die den Chinesen offensichtlich wichtig genug erscheint, dass sie sich sogar in ihrer Schrift widerspiegelt. Dort gibt es ein eigenes Zeichen mit der Bedeutung »etwas herbeiwinken«.

Interessanterweise ist diese Einstellung auch im täglichen Leben zu beobachten. So werde ich immer wieder gefragt, worin ich die grundlegenden Unterschiede zwischen den westlichen und östlichen Kulturen sehe. Einer davon liegt für mich persönlich im Umgang mit Herausforderungen, also mit der Frage, ob etwas machbar oder unmöglich ist. Ein Europäer, so meine Erfahrung, überlegt sich, warum es nicht geht. Ein Amerikaner denkt darüber nach, wie es gehen könnte. Ein Asiate hingegen sagt einfach: »Sorge dafür, dass es geht!« Denn Glück und Unglück, so heißt es in China, kommen nicht von allein, sondern nur gerufen.

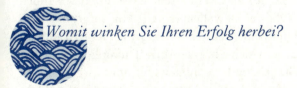

Womit winken Sie Ihren Erfolg herbei?

四十二

Filtere Gehörtes

Auch wenn ich den asiatischen Kontinent seit mittlerweile fünfundzwanzig Jahren bereise und sehr viel Zeit dort verbracht habe, hat sich eines nicht geändert: Ich spreche nur die Sprache eines einzigen Landes. Die anderen zu lernen wäre schon aufgrund des Aufwandes unmöglich, da sie sich viel zu stark voneinander unterscheiden. Dafür ist bei mir der Wunsch, mich mit jedem Asiaten in seiner Sprache verständigen zu können, dann doch nicht groß genug.

Einmal habe ich in einem Interview auf die Frage, welche Fähigkeit ich denn gerne besäße, geantwortet: »Ich würde gerne jede Sprache der Welt an einem Tag lernen, aber diese auch ebenso schnell wieder vergessen können.«

Warum der Wunsch nach dem Vergessen? Warum möchte jemand etwas vergessen, was er kann? Für mich hat die Idee, nicht alles verstehen zu müssen, worüber Menschen gerade sprechen, einen unglaublichen Vorteil: Ich genieße eine erstaunliche Ruhe.

Denken Sie nur an zwei Personen, die direkt vor Ihnen streiten. Ohne es zu wollen, ergreifen Sie sofort innerlich für eine der beiden Partei. Sie verstehen ihre Argumente und ärgern sich über die sture Dummheit des Gegners. Plötzlich sind Sie aufgewühlt, und es geht Ihnen schlecht. Versetzen Sie sich nun umgekehrt in die glückliche Situation, aufgrund der Sprachbarriere nicht einmal annähernd zu verstehen, worüber die beiden diskutieren. Dann nehmen Sie die Auseinandersetzung zur Kenntnis, ohne sich weitere Gedanken zu machen. Kennen Sie eine Sprache, wird Ihnen vieles aufgedrängt, was Sie überhaupt nicht zu wissen brauchen.

Dieses Nicht-Verstehen macht die Monate in Asien für mich immer besonders erholsam. Weder regt mich auf, was in der Zeitung steht, noch, was im Radio berichtet wird. Natürlich interessiere ich mich für das, was im Land vor sich geht. Aber im Laufe der Jahre habe ich die Erfahrung gemacht, dass wirklich wichtige Informationen ihren Weg zu mir finden.

Diese Einsicht gilt in vielen anderen Zusammenhängen gleichermaßen. Nehmen wir einmal an, Sie hätten gerade eine Sache in Angriff genommen, überzeugt davon, dass Ihnen diese gelingen wird. Plötzlich taucht ein Asiate auf und versucht, Sie freundlich lächelnd auf etwas hinzuweisen. Wenn Sie nun kein Wort von dem verstehen, was der Mann zu Ihnen sagt, wie reagieren Sie? Bestimmt lächeln Sie einfach zurück und machen weiter. Es ist ja auch nichts gewesen. Wiederholen wir nun die Situation. Tauschen Sie aber diesmal den Asiaten durch eine Person aus, deren Sprache Ihnen geläufig ist. Reagieren Sie auf deren »Das schaffen Sie nie!« genauso gelassen wie zuvor, als Sie nicht verstanden haben, was zu Ihnen gesagt wurde?

In der chinesischen Schrift ist das Zeichen für »Frage« ein Mund in einem Tor. Es liegt an Ihnen, ob Sie das Tor öffnen und die Frage zu sich lassen. Das Zeichen für »hören« ist bezeichnenderweise ein Ohr an einem Tor. Sie müssen sich schon daran lehnen, um die Botschaft oder Frage auch zu hören. Deshalb vergewissern Sie sich, ob Sie eine überbrachte Botschaft auch wirklich hören wollen. Andernfalls unterdrücken Sie besser Ihre Neugier und lassen Sie die Tür einfach zu.

Wann hätten Sie das letzte Mal die Tür zu Ihrem Bewusstsein besser geschlossen gelassen?

四十三

Lärme im Osten

Etwa in der Mitte Vietnams, nahe der Grenze zu Laos, liegt das kleine Dorf Khe San. Zur Zeit des Vietnamkrieges hatten die Amerikaner hier eine Militärbasis, die zwar militärisch unbedeutend, deren Unterhalt aber aufgrund der Nähe zur Trennlinie zwischen Nord- und Südvietnam mit einem gewissen Prestige verbunden war. Eine Tatsache, die auch den von den Amerikanern als »Vietcong« bezeichneten Kämpfern Ho Chi Minhs bekannt war. Diese wussten, dass die Amerikaner im Falle eines Angriffes alles daransetzen würden, das Gebiet zu verteidigen, und nutzten dieses Wissen zur Anwendung einer alten chinesischen List. »Lärme im Osten und attackiere im Westen« hatte bereits im fünften Jahrhundert General Tan Daoji seinen Befehlshabern empfohlen und damit die Taktik beschrieben, den Gegner durch eine Scheinattacke dazu zu bringen, seine Ressourcen genau von jenem Ort abzuziehen, an dem der tatsächliche Angriff stattfinden sollte.

Auch der Vietcong handelte nach dieser Strategie, wohl in der Absicht, eine andere, viel größere Operation zu verdecken, die als »Tet-Offensive« in die Geschichte eingehen sollte. Denn als die Guerillas aus Nordvietnam am Tag des »Tet«, wie die Vietnamesen ihr Neujahrsfest bezeichnen, vor laufenden Fernsehkameras ungehindert in die US-Botschaft eindrangen, waren die meisten amerikanischen Soldaten gerade damit beschäftigt, die militärisch nutzlose Basis von Khe San zu verteidigen. Zwar erlitten die Angreifer trotzdem derartige Verluste, dass sie in den nächsten Jahren zu keiner größeren militärischen Operation mehr fähig gewesen wären. Viele Experten sehen jedoch diese Aktion als Wendepunkt des Krieges, weil der amerikanischen Öffentlichkeit dabei ganz dramatisch vor Augen geführt wurde, dass die US-Soldaten die Situation in Vietnam keineswegs so im Griff hatten, wie behauptet wurde.

Auch wenn Scheinangriffe nicht immer leicht zu erkennen sind, haben sie doch meistens eines gemeinsam: Sie richten sich gegen Ziele, die es nur im Kopf des Gegners wert sind, dass man sie verteidigt. Das müssen nicht unbedingt Militärbasen sein. Prinzipien, an denen wir glauben, unbedingt festhalten zu müssen, können sich leicht als Schwachpunkt in unserer Verteidigung herausstellen. Doch auch Attacken, die unseren Stolz treffen sollen, machen uns blind für die wahren Absichten eines Angreifers.

Wann immer ein Gegner Sie mit besonders viel Lärm attackiert, verzichten Sie auf den Drang, mit aller Kraft das angegriffene Ziel zu verteidigen. Lassen Sie lieber locker, treten Sie einen Schritt zurück und versuchen Sie zu verstehen, worum es dem Angreifer tatsächlich geht.

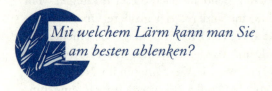

Mit welchem Lärm kann man Sie am besten ablenken?

四十四

Sei der Mittelpunkt

In Peking gibt es in der Nähe der berühmten »Verbotenen Stadt« eine in jedem Reiseführer erwähnte Tempelanlage, den sogenannten »Himmelstempel« oder auch »Himmelspalast«. Als ich diese riesige, gartenähnliche Anlage das erste Mal betrat, sah ich, dass die Besucher, nachdem sie den Haupttempel verlassen hatten, noch zu einem anderen Punkt wanderten. Neugierig folgte ich ihnen und erreichte schließlich das Ende einer langen Warteschlange. Da ich nicht wirklich erkannte, worum es ging, blieb ich geduldig in der Reihe stehen. Nach einiger Zeit konnte ich schließlich sehen, dass die Menschen darauf warteten, auf eine runde, etwa zwanzig Zentimeter hohe Steinplatte zu steigen, um sich dort fotografieren zu lassen. Auf meine Frage, was denn hier so besonders sei, klärte mich ein älterer Herr geduldig auf, dass diese Steinplatte den Mittelpunkt der Welt markiere. Ob ich denn noch nie gehört habe, dass China das Reich der Mitte sei, von dem schon immer alles ausgegangen sei?

Eine interessante Sicht der Dinge, dachte ich bei mir. Zumal mein Gegenüber sie so selbstverständlich äußerte, als habe er mir gerade erklärt, dass die Erde um die Sonne kreist. Doch die Botschaft war klar. Deine Mitte, so wollte man mir sagen, ist immer dort, wo du sie festlegst. Es steht dir frei, das zu tun, wo immer du es möchtest. Und wir, so der ebenso unausgesprochene Nachsatz, haben uns entschlossen, unsere Mitte bei uns selbst zu finden.

Interessanterweise gibt die Geschichte den Chinesen mit dieser Ansicht recht. Denn bevor die Engländer das Reich im Laufe des 19. Jahrhunderts zuerst mit Drogen und dann mit Waffengewalt zerstörten, war China über Jahrtausende von niemandem abhängig als von sich selbst.

Für mich persönlich symbolisiert die etwa einen halben Meter große Scheibe im Zentrum von Peking mehr als irgendetwas anderes den Unterschied zwischen zwei Kulturen. Im Westen, so habe ich immer das Gefühl, ist vor allem wichtig, was die anderen tun. Hier verschwendet man erstaunlich viel Zeit und Energie darauf, sich über das Leben fremder Menschen Gedanken zu machen. »Dürfen die denn überhaupt, was sie tun? Wie können sie mit so etwas Erfolg haben? Irgendwie bin ich ja froh, dass die Frau es auch nicht geschafft hat. Aber wenn ich das so mache, was halten dann die anderen von mir?«

Meine Erfahrung zeigt, dass viele Asiaten ganz anders denken. Die interessieren sich vor allem für sich selbst – oder die eigene Familie. »Zuerst einmal muss es mir gutgehen«, so die weitverbreitete Ansicht, »dann erst kann ich darüber nachdenken, was du davon hältst.«

Erstaunlicherweise empfinden viele westlich geprägte Menschen diese Art als rücksichtslos und egoistisch. Viel zu tief hat sich uns die Idee eingeprägt, zuerst einmal auf alle anderen schauen zu müssen, bevor wir uns um uns selbst kümmern dürfen. Dabei sind die Ansichten beider Kulturen nicht einmal so weit voneinander entfernt. Denn in einem sind sie sich einig: Unsere Mitmenschen, die uns Tag für Tag aushalten müssen, haben ein Recht darauf, dass es uns gutgeht. Das erreichen wir aber wiederum ausschließlich dadurch, dass wir uns selbst als den Mittelpunkt unserer Welt verstehen.

Womit machen Sie sich zum Mittelpunkt?

四十五

Verstehe Nachahmung

Als vor über eintausendfünfhundert Jahren die Mönche von Shaolin ihr Domizil im Songshan-Gebirge errichteten, hatten sie der Legende nach ein veritables Problem. Ihr Tempel befand sich in einer recht dünn besiedelten Wildnis, die außer von Menschen vor allem von Tigern, Affen und sonstigen gefährlichen Tieren bewohnt war. Wer die schützenden Klostermauern verließ, musste folglich damit rechnen, von einem dieser Tiere attackiert zu werden. Doch wie verteidigt man sich gegen einen überlegenen Gegner, wenn einem keine Waffen zur Verfügung stehen?
Den Mönchen wurde schnell klar, dass die Angreifer selbst die besten Abwehrtechniken kannten. Schließlich mussten sie sich Tag für Tag gegen Attacken ihrer Artgenossen verteidigen. So begannen die Bewohner von Shaolin damit, die Tiere zu beobachten, und lernten, was an nützlichen Kampftechniken in der Natur bereits vorhanden war. Statt aus dem Nichts etwas völlig Neues zu erfinden, analysierten sie die erprobten Kampfstile von Tigern, Affen, Schlangen, Kranichen, Adlern und anderen kämpfenden Tieren. Ihr Ziel war, das Vorhandene durch Nachahmung zu verstehen, um es zum eigenen Vorteil nutzbar zu machen. Nicht das Erfinden stand im Vordergrund. Vielmehr ging es darum, etwas bereits Vorhandenes zu übernehmen und zu verbessern.

Wahrscheinlich ist die Idee der Nachahmung schon viel länger mit dem asiatischen Denken verbunden. Bereits der große Philosoph Konfuzius hat einmal gesagt: »Der Weise lernt aus den Fehlern anderer. Der Dumme aus seinen eigenen.« Denn ob Überlegungen, Erfindungen oder Fehler: Wozu etwas neu entwickeln, wenn ein anderer es ohnehin schon getan hat? Gleichzeitig galt Nachahmung schon im alten China als höchste Form der Ehrerbietung. Bis heute ist es für einen Asiaten ein Zeichen von Respekt, jemanden oder etwas nachzuahmen. Das geschieht daher auch nicht in der Absicht, einem anderen etwas zu nehmen. Vielmehr möchte man dem Gegenüber damit zeigen, dass man seine Vorgehensweise so sehr zu schätzen weiß, dass man sie sich selbst zu eigen macht.

Richtig eingesetzt ist Nachahmung, so wusste man schon vor langer Zeit in Shaolin, eine mächtige Waffe. Denn sie ermöglicht uns, eins zu werden mit unserem Gegner. Wir lernen seine Denkrichtung zu verstehen und kommen in die wunderbare Lage, selbst dann in seinem Sinn weiterzudenken, wenn sich dieses Denken gegen uns richtet. Schließlich ist wirkliche Nachahmung weit mehr als billige Imitation. Denn nur mit ihrer Hilfe können wir unseren Gegner als den erkennen, der er wirklich ist.

Was könnte ich lernen, wenn ich Sie nachahmte?

四十六

LASS KEINEN DAS GESICHT VERLIEREN

Reisenden, die das erste Mal nach Asien fahren, rät man zu Hause meist dringend: »Bleibe, egal was passiert, beherrscht und schreie dein Gegenüber unter keinen Umständen an!« Denn wer so handelt, so die weitverbreitete Meinung, verliert das Gesicht.

Nun ist es zwar tatsächlich richtig, dass es sich in Asien nicht schickt, Emotionen zu zeigen. Falls es doch passiert, ist das allerdings weniger für denjenigen unangenehm, der die Beherrschung verliert, als vielmehr für den, der das Opfer dieses Ausbruchs wird. Nicht der Wüterich verliert also sein Gesicht, sondern derjenige, der angeschrien wird. Und der wird sich, so ist man überzeugt, eines Tages für diese Attacke rächen.

Folglich ist es eine der größten Sorgen vieler Asiaten, ihr Gegenüber durch eine unbedachte Handlung vor den Kopf zu stoßen. Jedes Handeln ist daher von der Überlegung geprägt, was es bei einem anderen auslösen könnte. In vielen Ländern geht das sogar so weit, dass offene Kritik – oder auch nur etwas, das so interpretiert werden könnte – nicht existiert. Man gibt sein Missfallen höchstens indirekt zu verstehen, spricht es aber nicht aus. Viel zu groß ist die Gefahr einer Kränkung oder Beleidigung. Was nun in unseren Ohren vielleicht eigenartig klingt, hat auch eine Kehrseite. Die meisten Asiaten haben ein erstaunliches Bewusstsein für die eigene Macht und das mit dieser verbundene Zerstörungspotenzial.

In unserem Kulturkreis hingegen fehlt vielen Menschen ein Gefühl für ihre Macht. So gebe ich gerne bei meinen Fortbildungen den Denkanstoß in die Runde: »Was ist die wichtigste Frage, die sich eine Führungskraft stellen muss?« Es folgen diverse, durchaus richtige Antworten, die meistens das Thema »Was kann ich erreichen?« zum Inhalt haben. Auf das Wichtigste kommen die Teilnehmer allerdings nur äußerst selten: Wer ein Team anführt, wer vorne steht, muss sich zuallererst einmal darüber im Klaren sein, was er allein durch die Kraft seiner Position anrichten kann. Was eine Aussage in uns auslöst, hängt nämlich sehr stark davon ab, von wem sie kommt.

Äußere ich mich beispielsweise in einem Vortrag abfällig über China, wird das Publikum sich denken, ich hätte dort offensichtlich schlechte Erfahrungen gemacht. Spricht hingegen der Präsident der Vereinigten Staaten mit genau den gleichen Worten über den chinesischen Staat, wird am Folgetag in Peking der Botschafter ins Außenministerium bestellt. Auf den Führungsalltag übertragen: Die kleine, scherzhaft vorgebrachte Rüge eines Kollegen in einem engen Kreis von Zuhörern hat eine viel geringere Wirkung als exakt dieselben Worte aus dem Munde eines Menschen in mächtigerer Position. Eine Tatsache, die vielen zumeist noch bewusst ist. Was wir aber gerne vergessen: Wer ohne Absicht einen Menschen, über den er Macht hat, schlecht behandelt, der schafft sich mit ziemlicher Sicherheit einen Feind. Am schnellsten und effektivsten macht das, wer seinem Gegenüber permanent das Gefühl gibt, es ihm nicht recht machen zu können.

Das Gesicht zu wahren bedeutet jetzt nicht, mit versteinerter Miene durch das Leben zu wandern. Es meint vielmehr, sich seiner Bedeutung für andere Menschen bewusst zu sein und sorgfältig jenes Verhalten zu vermeiden, mit dem man einen anderen bloßstellen könnte.

Für Sie bedeutet das übrigens auch, niemals zu vergessen, dass Menschen, die – aus welchen Gründen auch immer – zu Ihnen aufschauen, im Gegenzug erwarten, dass Sie mit dieser Macht achtsam und verantwortungsvoll umgehen. Andernfalls kommt nämlich irgendwann der Punkt, an dem nicht Ihr Gegenüber, sondern Sie selbst das Gesicht verlieren.

Wer in Ihrer Umgebung hängt von Ihrem Lob ab?

四十七

Werde besonders

Als ich vor vielen Jahren das erste Mal nach Asien kam, hatte ich den Eindruck, die Menschen dort sähen alle gleich aus. Wohin ich auch schaute, war ich umgeben von Personen mit der typisch zarten Statur, flachen Nase, schwarzen Augen und schwarzen Haaren. Ständig hatte ich das Gefühl, dass ich der Person, mit der ich mich gerade unterhielt, irgendwo bereits einmal begegnet war. Was selbstredend nicht der Fall war. Aber auch wenn es natürlich keine zwei tatsächlich gleich aussehenden Menschen gibt, so hatte ich nicht einzelne Individuen wahrgenommen, sondern vielmehr eine riesige, gleichförmige Masse. Nur ab und an ragte jemand daraus hervor, dass er mir zumindest für kurze Zeit im Gedächtnis blieb.

Ganz anders stellte sich die Situation natürlich ab jenem Moment dar, in dem mir jemand interessant genug erschien, um ihn näher kennenzulernen. Dann bekam die betreffende Person im Wortsinn »ein Gesicht«. So erkennen wir beispielsweise Mao Tse-tung meist sofort, obwohl er aussieht wie andere Chinesen auch.

Oft habe ich mir in diesem Zusammenhang überlegt, ob Asiaten selbst sich auch so sehen. Sind sie füreinander nur Teil einer Masse, haben sie mehr Schwierigkeiten, sich die Gesichter ihrer Mitmenschen zu merken? Und welches Bild, so habe ich mich gefragt, hat dort der Einzelne von sich selbst?

Nach vielen Gesprächen über dieses Thema weiß ich heute, dass jeder von ihnen glaubt, als Einziger unter den vielen ganz besonders aufzufallen.

Ein Irrtum, mit dem die Menschen aus dem asiatischen Kulturkreis nicht allein dastehen. Schließlich haben sie ein ganz ähnliches Problem, allerdings mit uns Europäern. Selbst wenn es nur wenige hier wahrhaben möchten, sehen wir in den Augen von Chinesen oder Japanern mehr oder weniger alle gleich aus. Da helfen keine unterschiedlichen Haar- und Augenfarben.

Nun hat es natürlich durchaus Vorteile, dass Menschen sich selbst von Natur aus viel individueller wahrnehmen, als ihre Mitmenschen es tun. Das macht unabhängiger von der Meinung anderer, ist gut für das Selbstbewusstsein und stärkt das Selbstwertgefühl. Problematisch wird es dann, wenn wir erwarten, von unserem Umfeld die gleiche Aufmerksamkeit zu erhalten, die wir uns selbst schenken. Das äußert sich dann beispielsweise darin, dass wir enttäuscht sind, wenn lobende Kommentare ausbleiben, obwohl wir Frisur, Brille oder Kleidungsstil geändert haben. Sofort fühlen wir uns missachtet und nicht wertgeschätzt. Doch wer sagt uns, dass unseren Mitmenschen überhaupt bewusst ist, wie wir bis jetzt ausgesehen haben? Was haben wir getan, um uns dermaßen von der Masse abzuheben, dass es in ihr Bewusstsein hätte gelangt sein müssen?

Was im Kleinen gilt, trifft natürlich erst recht im Großen zu. Bei einem Workshop wurde ich einmal gefragt, was Firmen tun können, um von den Kunden besser wahrgenommen werden. Ich antwortete, dass wohl jeder Unternehmer zuerst einmal akzeptieren muss, dass die Kunden sein Unternehmen genauso sehen wie Sie wahrscheinlich einen beliebigen Koreaner, Japaner oder Vietnamesen: als Teil einer unüberschaubaren, gleichförmigen Masse.

Falls Sie jetzt spontan den Drang haben, mir zu widersprechen, dann sind Sie in der Position jenes oben beschriebenen Asiaten, der meint, gerade er würde aus dieser Masse hervorstechen. Möglicherweise hat das seine Ursache darin, dass Sie viel Zeit und Energie investiert haben, um Ihr Unternehmen zu etwas Besonderem zu machen. Vielleicht haben Sie den Internetauftritt neu gestaltet, vielleicht haben Sie einen besonders kreativen Slogan oder ein tatsächlich neuartiges Produkt entwickelt. Aber wissen das auch Ihre potenziellen Kunden? Wollen die es überhaupt wissen? Denn einmal ganz ehrlich: Haben Sie sich schon einmal das Gesicht eines Menschen gemerkt, nur weil dieser gut geschminkt oder schön gekleidet war? Oder erinnern Sie sich eher an jemanden, der vielleicht völlig unspektakulär ausgesehen, Sie als Mensch jedoch so fasziniert hat, dass Sie unbedingt seine Lebensgeschichte hören wollten?

Wer wahrgenommen werden möchte, muss sich auf eine Art von der Masse abheben, die den Mitmenschen Lust macht, ihn näher kennenzulernen. Wenn Sie jetzt wissen möchten, wie das funktionieren kann, dann denken Sie einfach an einen beliebigen Asiaten. Überlegen Sie, was dieser tun müsste, um Ihnen aufzufallen. Und genau das machen Sie dann auch.

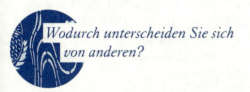

Wodurch unterscheiden Sie sich von anderen?

Lebe, statt zu gefallen

Wer einmal in den ländlichen Gegenden Asiens in einem Restaurant isst, macht meist eine erstaunliche Erfahrung. Fragt man dort nämlich nach der Gästetoilette, stellt man fest, dass es so etwas häufig nicht gibt. Vielmehr wird der Gast zuerst durch das Lokal und durch die privaten Räumlichkeiten des Lokalbesitzers geleitet, um ganz selbstverständlich zu dessen privatem Badezimmer gebracht zu werden. Auch wenn ich mich im Laufe der Jahre daran gewöhnt habe, fand ich es am Anfang zugegebenermaßen seltsam, mir neben benutzten Zahnbürsten, Haarshampoo und anderen fremden Toilettenartikeln die Hände zu waschen. Unwillkürlich fühlt man sich wie ein geduldeter Gast, der die Erlaubnis hat, die Familieneinrichtung mitzubenutzen.

Besonders eigenartig habe ich lange Zeit auch die Tatsache gefunden, dass die Zimmer, durch die man auf dem Weg zum WC geführt wird, oft nicht aufgeräumt sind. Doch als ich mir einmal – vorbei an ungemachten Betten und Kleiderbergen – den Weg ins Bad bahnte, verstand ich: Ob es uns Reisenden gefällt oder nicht, hier sehen die Unterkünfte aus, wie die Menschen leben, und nicht, wie jemand glaubt, dass es ein fremder Besucher erwartet. Die Wohnungen der Menschen sind zwar nach meiner Erfahrung meist tadellos sauber, aber oft chaotisch und unaufgeräumt.

Wahrscheinlich hat die Tatsache, dass die Asiaten nichts vor einem verstecken, auch damit zu tun, dass das Leben dort ganz allgemein viel öffentlicher ist. Wo bei uns hohe Hecken, Zäune und Mauern möglichst die Sicht versperren, ist in Asien alles einsehbar und offen. Wer durch die Straßen schlendert, kann den Menschen beim Essen, Fernsehen, Herumliegen oder bei was auch immer zusehen. Das hat mit dem in vielen Gegenden ganzjährig heißen Wetter genauso zu tun wie mit der Mentalität der Menschen (im ebenso heißen Südeuropa hat man viel mehr die Tendenz, sich zurückzuziehen), die meiner Erfahrung nach viel offener und toleranter sind als bei uns. Denn während wir vor einem Besuch mehr Zeit darauf verwenden, die Wohnung oder das Haus nach den vermeintlichen Vorstellungen der Gäste herzurichten als auf das eigentliche Treffen selbst, ist es in Asien umgekehrt. Jeder ist jederzeit willkommen. Wem es nicht passt, wie es bei den Gastgebern aussieht, der kann ja gerne bei sich bleiben.

Was denken Sie, vor anderen Menschen unbedingt verstecken zu müssen?

四十九

Empfange den Gegner als willkommenen Gast

Wenn ich heute an meinen ersten Aufenthalt im Shaolin-Kloster zurückdenke, dann erinnere ich mich vor allem daran, dass ich mich oft gefragt habe, warum man sich so etwas antut. Vor allem in den ersten Tagen hatte ich vom Training einen derartigen Muskelkater in den Beinen, dass mir der Anblick der drei Stufen zum Speisesaal fast die Tränen in die Augen trieb.

Als mich Meister Shi De Cheng einmal dabei ertappte, wie ich bei einer Übung leise vor mich hin fluchte, nahm er mich zur Seite und sagte: »Mit diesem Ärger schadest du nur dir selbst. Du musst lernen, deinen Gegner wie einen willkommenen Gast zu empfangen.« Eine Aussage, an die ich bis heute denke, auch wenn mir ihr wirklicher Inhalt lange Zeit verborgen blieb. Wie bitte, so habe ich mich gefragt, sollte es mir gelingen, jemandem, den ich eigentlich zum Teufel wünschte, so gegenüberzutreten, als würde mir seine Anwesenheit Freude bereiten?

Heute weiß ich, dass es weder um Zorn, Freude noch um sonst irgendwelche Emotionen ging – noch geht. Weder sollen wir uns darüber freuen noch darüber ärgern, dass wir attackiert werden. Wir sollen einzig lernen, die Tatsache an sich zu akzeptieren. Erstens, weil wir sie ohnehin nicht ändern können. Und zweitens, weil wir andernfalls nur den Angreifer bei seiner Attacke unterstützen würden, indem wir uns selbst schwächen.

Das ist eine Tatsache, die für die Auseinandersetzung mit menschlichen Gegnern genauso gilt wie für Schicksalsschläge, Verluste, Ungerechtigkeiten und alles andere, dem wir begegnen und das bewirkt, dass wir uns schlecht fühlen.

Obwohl das so selbstverständlich scheint, handeln doch die wenigsten Menschen danach. Anstatt einer Attacke in aller Ruhe entgegenzutreten und die gesamte Kraft auf die Frage zu konzentrieren, wie sie diese schnellstmöglich beenden können, ziehen sich viele lieber noch zusätzlich selbst hinunter. Das kann in Worten wie »Natürlich muss so etwas ausgerechnet mir passieren!« oder »Ich drehe gleich durch!« zum Ausdruck kommen, manchmal laut geäußert, manchmal still in sich hinein geklagt, doch das Muster ist das gleiche. Nicht umsonst heißt es in der deutschen Sprache: »Ich ärgere *mich* darüber!«

So menschlich solche Gefühle auch sein mögen, so hinderlich sind sie aus der Sicht eines Kämpfers. Denn niemals würde dieser seine Energie auf irgendetwas anderes verwenden als darauf, den Kampf so rasch wie irgend möglich zu einem Ende zu bringen. Keinesfalls kann er es sich leisten, sich gleichsam angeleitet von seinem Gegner selbst zu schaden.

Verstehen Sie mich richtig. Es geht hier in keiner Weise darum, sich die Umstände schönzureden. Aber der unangenehmen Situation selbst ist es völlig gleichgültig, ob wir sie hassen, verfluchen, beschimpfen oder als die unveränderliche Tatsache akzeptieren, die sie nun einmal ist. Empfangen wir aber einen Angreifer wie einen willkommenen Gast, so nehmen wir ihm viel von seiner

zerstörerischen Kraft. Natürlich haben wir in den meisten Fällen keinen Einfluss darauf, ob jemand uns zu
einem Kampf herausfordert. Aber etwas anderes ist ganz
allein unsere persönliche Entscheidung: wie wir auf diese
Herausforderung reagieren.

*Was genau bringt es,
über eine Situation zu jammern?*

Lerne zu scheitern

Über viele Jahrhunderte zählten die japanischen Samurai zu den gefürchtetsten Kriegern ihrer Zeit. Sie waren technisch perfekt gerüstet, Meister im Schwertkampf und verfügten über Disziplin sowie eine unerreichte Loyalität gegenüber dem Auftraggeber. Ihre gefährlichste Waffe aber verbargen sie im Kopf: Es war ihre legendäre Fähigkeit zu scheitern. Für einen Samurai war die Möglichkeit, einen Kampf und damit auch das eigene Leben zu verlieren, eine ebenso selbstverständliche Option wie die Chance zu gewinnen. Scheitern war für die Samurai kein Tabu, über das man sich, wenn überhaupt, nur hinter vorgehaltener Hand unterhielt, sondern ein Teil des Lebens, auf den sich jeder Kämpfer aktiv vorbereitete.

Im Hagakure, der legendären Anleitung für den »Weg des Kriegers«, erhielten die Männer dazu die folgende Anleitung: »Stell dir jeden Morgen aufs Neue vor, dass du bereits tot bist. Halte dich jeden Morgen, wenn dein Geist friedvoll ist, ohne Unterlass für tot, denke über verschiedene Arten des Todes nach, stelle dir deine letzten Augenblicke vor, wie du von Pfeilen, Kugeln und Schwertern in Einzelteile zerfetzt wirst, von einer Woge weggespült wirst, in ein rasendes Feuer springst, von einem Blitz erschlagen wirst, in einem großen Erdbeben untergehst, von einer schwindelerregenden Klippe stürzt, an einer tödlichen Krankheit leidest oder plötzlich tot umfällst. Ich hörte einen Älteren sagen: ›Nur einen Sprung vom Dachgesims des eigenen Hauses entfernt findet man sich von toten Körpern umgeben; einen Schritt von der Haustür entfernt, trifft man auf Feinde. Es drängt uns vielmehr, eine geistige Einstellung zu formen, mit der man fähig wird, sich selbst für bereits tot zu halten.‹«

Auch wenn in der heutigen Zeit diese radikale Form der Beschäftigung mit dem Thema Scheitern – oder gar mit dem eigenen Tod – etwas übertrieben erscheinen mag, hat sie nach wie vor ihre Berechtigung. Wer nämlich gelernt hat zu scheitern, hat einen unbezahlbaren Vorteil: Er ist jedem Gegner einen Schritt voraus. Umgekehrt befindet sich ein Kämpfer, der die Möglichkeit ignoriert, dass auch einmal etwas danebengehen kann, in einer äußerst schlechten Ausgangssituation, wenn tatsächlich etwas passiert. Im schlimmsten Fall ist er gelähmt und handlungsunfähig.

Stellen Sie sich so jemanden vor wie einen Boxer, der bis dato jeden Kampf gewonnen hat. Er ist selbstverständlich der Meinung, dass seine Siegesserie ungebrochen ist, und macht sich nicht eine Sekunde klar, dass auch der Unbesiegbare besiegbar ist. Bis ihn einmal eine völlig unerwartete Attacke des Gegners zu Boden bringt. Plötzlich liegt der große Champion da wie ein kleines Kind. Der Schiedsrichter zählt ihn an, er verharrt regungslos, und zehn Sekunden später ist alles vorbei. Nicht, weil er seinem Gegner tatsächlich unterlegen gewesen wäre. Sondern einzig, weil er nicht scheitern konnte. Hätte unser Boxer sich auch über diese Möglichkeit Gedanken gemacht, hätte er die Szene Hunderte von Malen vor seinem geistigen Auge ablaufen lassen. Er wäre zu Boden gegangen und hätte in seiner Vorstellung versucht, so schnell wie möglich wieder auf die Beine zu kommen. Im Fall des Falles hätte er dann dieses Wissen abrufen und innerhalb kürzester Zeit den Kampf fortsetzen können – auch im Angesicht einer drohenden Niederlage.

Doch viele vermeiden es, sich mit dem Thema Scheitern zu beschäftigen, weil sie meinen, dass sich dieses Denken dadurch gleichsam zwangsläufig erfüllt. Ich halte diese weitverbreitete Idee für falsch, denn die Samurai sind vor jeder Schlacht einen symbolischen Tod gestorben. Das hat ihnen die Angst davor genommen, ihr Leben zu verlieren, deshalb aber noch lange nicht zu ihrem Untergang geführt. Ganz im Gegenteil leben sie bis heute als Inbegriff entschlossener, erfolgreicher Kämpfer in den Köpfen der Menschen weiter.

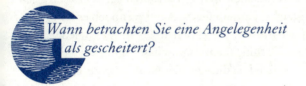

Wann betrachten Sie eine Angelegenheit als gescheitert?

Sei geduldig

Bei meinen ersten Aufenthalten auf dem asiatischen Kontinent ereignete sich immer wieder ein für mich vermeintlich unerfreuliches Szenario. Ich ersuchte einen Mitarbeiter des Hotels, in dem ich mich gerade aufhielt, für mich im Laufe der nächsten Tage etwas zu erledigen. Mein Gegenüber nahm die Bitte lächelnd zur Kenntnis und versprach, sich darum zu kümmern. Anstatt der von mir erwarteten hektischen Betriebsamkeit passierte jedoch zunächst einmal nichts. Auch wenn ich es hätte besser wissen müssen, beschlich mich immer wieder aufs Neue das Gefühl, mein Wunsch sei ignoriert oder vergessen worden. Je näher der Zeitpunkt rückte, an dem ich das Gewünschte benötigte, desto mehr begann ich, mich über das vermeintlich ignorante Verhalten meines Gegenübers zu ärgern. »Wenn er es nicht tun will«, dachte ich mir, »warum sagt er es dann nicht einfach?« Doch nach einer gefühlten Ewigkeit, bei der es sich in Wirklichkeit nur um zwei oder drei Tage handelte, kam jedes Mal ein Angestellter freudestrahlend auf mich zu und meinte: »Ihr Auftrag ist jetzt erledigt. Sorry, dass es so lange gedauert hat, aber wir mussten erst dieses und jenes klären.«

Wenn auch nur noch selten, so ärgere ich mich bis heute ab und zu, wenn mich das Gefühl beschleicht, in einer Angelegenheit würde nichts vorangehen. Dabei stimmt diese Annahme in den meisten Fällen nicht einmal. Manche Dinge brauchen einfach mehr Zeit, als wir bereit sind, ihnen zu geben.

Ein anderes Beispiel: Ein Unternehmen versendet im Rahmen einer Marketingaktion einen Newsletter, in dem es eine Veranstaltung bewirbt. Kaum ist der Newsletter verschickt, werden auch schon die Reaktionen abgerufen. Bleiben diese am ersten Tag völlig aus, sorgt das zwar für Nervosität, die Verantwortlichen finden aber noch Erklärungen. Fehlen jedoch auch noch am zweiten Tag positive Rückmeldungen, beginnen alle fieberhaft zu überlegen, was wohl »schuld« sein könnte – und tags darauf wird die Veranstaltung schließlich mangels Interesse abgesagt. Wenn eine Woche später die ersten Anmeldungen eintrudeln, gibt es bereits nichts mehr, zu dem man sich anmelden könnte.

So verhält es sich sehr oft. Denn auch wenn es manchmal so aussieht, als würde einfach nichts passieren: Stillstand ist nun einmal kein Konzept der Natur. Denken Sie nur an die Bäume im Winter, die nach außen hin so wirken, als würden sie nur herumstehen und nichts tun. Tatsächlich aber bereiten sie sich in ihrem Inneren darauf vor, austreiben zu können, sobald der Frühling kommt. Seien Sie geduldig, geben Sie den Dingen Zeit, und vertrauen Sie darauf, dass alles, was Sie tun, eine Wirkung hat. Auch wenn diese nicht immer sofort zu erkennen ist.

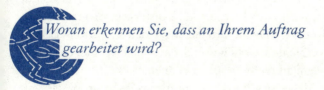

Woran erkennen Sie, dass an Ihrem Auftrag gearbeitet wird?

Weiche zurück

Die Entwicklung des Internets hat in den letzten Jahren viele Lebensbereiche grundlegend verändert. Einer davon ist das Reisen, wo vor allem das Buchungsverhalten betroffen ist. Verhalfen sich noch vor zehn Jahren Individualreisende gegenseitig mit Tipps und Warnungen zu den besten Hotelzimmern, sind heute Buchungsportale in einem der zahlreichen Internetcafés selbst im entlegenen asiatischen Hinterland nur einen Mausklick entfernt. Im Gegensatz zu Reisegefährten sind diese Onlineportale immer verfügbar und informieren nicht nur über die Qualität der Unterkunft, sondern über aktuelle Preise und die Verfügbarkeit von Zimmern.

Diese Portale, die meist von großen Konzernen betrieben werden, verlangen für ihre Leistung natürlich Geld. Allerdings nicht von den Reisenden, sondern von den Hotels und Guesthouses. Wer gelistet sein möchte, bezahlt einen happigen Prozentsatz der Buchungssumme als Vermittlungsgebühr.

Dass die Höhe der Provision in den Augen vieler Hoteliers irgendwo zwischen sehr hoch und unverschämt liegt, wird auch hierzulande lautstark in diversen Foren diskutiert. Manche drohen sogar damit, auf das Listing zu verzichten, wohl wissend, dass sie sich genau das schon lange nicht mehr erlauben können.

Die Macht der Portale ist mittlerweile so groß, dass ein

nicht eingetragenes Hotel automatisch aufhört, für den modernen Reisenden zu existieren. Wie schade, dass die Hotelbesitzer sich derart in die Enge haben drängen lassen – nein, selbst gedrängt haben.

Da auch ich manchmal die Einfachheit der Portalbuchungen schätze, habe ich vor einiger Zeit auf diesem Weg in Saigon ein Zimmer für zwei Nächte gebucht. Der Preis war in Ordnung, die Buchungsbestätigung kam umgehend, und alles schien seine Ordnung zu haben. Bis ich schließlich in der gebuchten Unterkunft ankam. Dort empfingen mich nämlich zwei freundlich lächelnde Damen an der Rezeption und erklärten mir mit aufrichtigem Bedauern, dass die von mir gebuchte Zimmerkategorie unglücklicherweise ausgerechnet in den folgenden zwei Nächten nicht mehr verfügbar sei. Gerne könne man mir – selbstverständlich gegen einen kleinen Aufpreis – ein anderes Zimmer zur Verfügung stellen. Ich war etwas verärgert, nahm aber das Angebot mangels Alternativen an. Später verglich ich den Preis der ursprünglichen Buchung mit dem des neuen Zimmers und stellte mit einer gewissen Überraschung fest, dass der Aufschlag exakt jene 15 Prozent betrug, die das Hotel wohl an das Buchungsportal abzuliefern hatte. Als mir kurz darauf in einer anderen Unterkunft erklärt wurde, dass Kreditkartenzahlungen gerne akzeptiert würden, aber nur gegen einen Aufschlag von drei Prozent, wusste ich: Das Ganze hat System. Am Ende zahlt der Kunde.

Natürlich kann man jetzt darüber streiten, ob es richtig ist, einen Vertrag zu akzeptieren und sich dann nicht an die vom Vertragspartner diktierten Regeln zu halten. Aber darum geht es hier schon deshalb nicht, weil sich meine Gesprächspartner in den asiatischen Ländern dieser Diskussion gar nicht stellen würden. Ich habe es versucht. Mich beschwert. Und prompt die Antwort erhalten: Sie müssen ja nicht. Weder mit Kreditkarte bezahlen noch über ein Portal buchen. Schließlich gehen auch E-Mail, Telefon und Bargeld. Wer den Service eines Vermittlers in Anspruch nehmen möchte, so die Ansicht, müsse eben dafür bezahlen. Das Hotel könne die dafür anfallende Gebühr keinesfalls übernehmen. Auch wenn es das eigentlich sollte. Zu groß sei nämlich die Gefahr, dass der aufgeklärte Kunde sonst in Zukunft zu Ungunsten der vermeintlich übermächtigen Buchungsportale auf deren Leistungen verzichte.

Was ist die Alternative zum Zurückweichen?

Handle zielbewusst

Führungskräfte, so heißt es, müssen immer erfolgsorientiert und effizient handeln. Aber lässt sich diese Forderung im hektischen Geschäftsalltag überhaupt umsetzen? Viel zu oft müssen schließlich schnelle Entscheidungen getroffen werden, um vermeintliche Chancen zu nutzen – und dann bleibt doch gar keine Zeit, um richtig zu überlegen! Folglich werden Dinge gekauft, die nie jemand benutzen wird, werden Mitarbeiter eingestellt, für die man eigentlich gar keine Arbeit hat, und wird auch sonst vieles getan, was am Ende nur gekostet, aber nichts gebracht haben wird.

Ich persönlich habe meine Lektionen zu diesem Thema als junger Individualreisender gelernt. Da gab es ein ganz klares Ziel: mit möglichst wenig Geld möglichst viel von der Welt zu sehen. Eine Vorgabe, die sich nur dann in die Tat umsetzen lässt, wenn man alle Fehlerquellen, die zum Verlust von Geld oder anderen Ressourcen führen könnten, von vornherein konsequent ausschaltet.

Damit meine ich jetzt gar nicht, dass man eine Tour vom ersten bis zum letzten Tag durchplanen soll. Das kann tun, wer eine Woche unterwegs ist oder zwei. Auf einer längeren Reise bewirkt übermäßige Planung nur, dass man unflexibel wird und nicht spontan auf plötzlich auftretende Veränderungen reagieren kann. So schätzt man die Gefahr in einer Region ganz anders ein, wenn der

Verzicht auf den geplanten Besuch dieser Gegend gleichzeitig bedeutet, ein bereits bezahltes Flugticket verfallen zu lassen.

Da gerade auf Reisen jede Fehlentscheidung bares Geld kostet, habe ich gelernt, mir immer ein klares Ziel zu stecken, auf das dann alle folgenden Handlungen und Entscheidungen ausgerichtet sind. Bevor ich also irgendeine Aktion in Angriff nahm, eine Fahrkarte kaufte oder ein Hotelzimmer reservierte, versuchte ich immer, die folgenden Fragen zu klären: Wohin soll die Tour gehen? In welcher Zeit will ich das Ziel maximal erreichen? Was, wenn es sich unterwegs als unerreichbar herausstellen sollte? Was darf die Reise maximal kosten? Welches Risiko bin ich bereit, schlimmstenfalls einzugehen? Und woran erkenne ich, dass ich dabei bin, diese Grenze zu überschreiten? Welche Optionen stehen einem überhaupt offen – und welche davon ist am Ende die günstigste?

Das hat übrigens gar nicht immer direkt mit Geld zu tun. Am Anfang hatte ich eines im Überfluss: Zeit. Und doch musste ich sie immer in meine Überlegungen einfließen lassen. Schließlich kostet auch das Nächtigen in Orten, die von vielen Touristen frequentiert werden, durchaus Geld. Was nutzt es aber, im Nachtzug sitzend das Geld für Unterkunft und Liegewagen zu sparen, wenn man nachher so erledigt ist, dass man zwei Tage damit vertut, sich von den Strapazen wieder zu erholen?

Heute weiß ich, dass es vor allem eine ganz klare Fokussierung auf ein Ziel ist, die einen vor vielen falschen Entscheidungen bewahrt. Kein Reisender würde schließlich einfach eine Fahrkarte für einen Bus oder einen Zug kaufen und danach erst überlegen, ob er sie überhaupt brauchen kann. So plakativ umgesetzt fänden wohl auch die meisten Führungskräfte ein solches Verhalten zumindest etwas eigenartig. Auch wenn viele von ihnen Tag für Tag auf genau diese Art ziellos handeln.

Sind Ihre Ziele so klar und konkret formuliert wie der Name eines Ortes?

五十四

Ziehe Grenzen

In der Zeit des Zweiten Weltkrieges war Thailand von Engländern und Japanern besetzt, während das benachbarte Laos zu jener Zeit eine französische Kolonie war. Bis heute fährt man daher in Laos auf der rechten Seite, in Thailand hingegen links. Wechselt man nun von einem dieser beiden Länder in das jeweilige Nachbarland, wird man an der Staatsgrenze deutlich dazu aufgefordert, von nun an auf der anderen Straßenseite zu fahren.

Selten ist mir die Notwendigkeit von Grenzen so sehr bewusst geworden wie beim Anblick dieser Situation. Sie müssen sich nur einmal vorstellen, ein übereifriger Politiker ließe die Grenze einfach entfernen. Wenn Sie nun in der Folge nicht mehr genau wissen können, ob Sie sich noch auf thailändischem oder bereits auf laotischem Staatsgebiet befinden, auf welcher Seite fahren Sie dann? Fühlen Sie den unglaublichen Stress, den Ihnen diese Politaktion bereiten würde?

Ein Gedankenexperiment, an dem schön zu sehen ist, dass Grenzen entgegen einem weitverbreiteten Irrtum keine Einschränkung, sondern vielmehr ein lebenswichtiges Recht sind. Werden sie klar definiert, so nehmen sie keinen Freiraum, sondern machen diesen ganz im Gegenteil erst möglich. So weiß jeder, bis wohin er ohne Probleme auf welcher Seite fahren kann.

Interessanterweise aber hat es die Natur so eingerichtet,

dass alle Wesen in einer Überschreitung von Grenzen eine Herausforderung zum Kampf sehen. So werden auch Sie es wahrscheinlich leichter ignorieren können, von Ihrem Gegenüber aus der Distanz bedroht oder beschimpft zu werden, als wenn dieser Ihnen auch nur im übertragenen Sinn zu nahetritt. In diesem Fall setzt bei den meisten Menschen der Verstand aus, und eine Auseinandersetzung oder sogar ein Kampf wird unausweichlich. Das ist insofern nicht so selbstverständlich, wie es jetzt vielleicht scheinen mag, da nur die wenigsten Grenzverletzungen auch tatsächlich als Angriff gemeint sind. Viel häufiger haben solche Übertretungen ihre wahre Ursache darin, dass der vermeintliche Gegner schlicht und einfach die Grenze nicht kennt. Er übertritt sie also keineswegs wie angenommen in böser Absicht, sondern weil ihm nicht klar ist, dass sie überhaupt existiert.

Gehen wir noch einmal kurz zurück zu der gedachten Straße, die ohne erkennbare Abgrenzung zwischen den beiden Ländern von Thailand nach Laos führt. Käme Ihnen hier ein Fahrzeug hupend auf Ihrer Fahrbahn entgegen, wie würden Sie reagieren? So ist es aber bei vielem: Wer nicht bereit oder nicht in der Lage ist, deutlich erkennbare Grenzen zu ziehen, darf sich nicht wundern, wenn ein anderer diese überschreitet.

Ein wahrer Meister, so wussten schon die Mönche in Shaolin, beendet einen Kampf, bevor dieser begonnen hat, indem er seinem Gegner von vornherein klare Grenzen setzt und diese unmissverständlich kommuniziert.

Wie kommunizieren Sie Ihre Grenzen?

五
十
五

Lobe, statt zu strafen

Wenn es etwas gibt, bei dem ich mit vielen Asiaten überhaupt nicht übereinstimme, dann ist es das Thema Strafe. Nur durch diese, so die in Asien weitverbreitete Meinung, könne jemand, der nach Auffassung der Gesellschaft einen Fehler gemacht hat, wieder zurück auf den rechten Weg gebracht werden. Ist das Vergehen allzu schwer, muss die Rehabilitation eben auf das nächste Leben verschoben werden. Daher sehen die Regierungen ausnahmslos aller asiatischen Staaten die Todesstrafe als geeignetes Mittel, ihre Bürger im Falle von besonders groben Verfehlungen »zu heilen«. Eine Denkungsart, mit der sie bei den meisten Einwohnern auf Zustimmung stoßen. Schließlich, so der Tenor, würde allein die Androhung einer drakonischen Strafe viele Menschen dazu bewegen, über ihr Verhalten nachzudenken und es folglich im Sinne der Gemeinschaft zu ändern.

Eine Ansicht, die auch in weiten Teilen Europas verbreitet ist – wenn auch nicht in Bezug auf das nächste Leben. Hier schickt man denjenigen, der eine Verfehlung begeht, einfach vorzeitig in die Hölle. Im übertragenen Sinne.

Das macht diese Gedanken in meinen Augen jedoch keineswegs richtiger. Wenn Menschen nämlich aus Strafen etwas lernen, dann höchstens, wie man Wege findet, die nächste Strafe zu umgehen.

Wie wenig das aber mit einer Einsicht in das eigene

Fehlverhalten zu tun hat, kann man beispielsweise jeden Tag im Straßenverkehr asiatischer Großstädte beobachten. Hier weiß jeder, dass das Fahren mit überhöhter Geschwindigkeit unter Umständen unangenehme Konsequenzen hat. Wer dabei erwischt wird, so ist allen klar, der wird bestraft. Hätte das aber die von den Strafbefürwortern angenommene Wirkung, wäre schon lange keinerlei Geschwindigkeitsmessung mehr notwendig. Tatsächlich ist jedoch das Gegenteil der Fall. Die Fahrer rasen – allen Strafandrohungen zum Trotz – weiter und werden ausschließlich dort langsamer, wo sie glauben, dass sie abgestraft werden könnten.

Doch Menschen lernen wie alle Wesen der Natur aus Belohnungen. Stellen Sie sich einmal vor, Sie und ich wollten einen Papagei dazu bringen, auf Kommando fünfmal eine Glocke zu läuten. Sie entscheiden sich für die Strafmethode und geben dem Tier bei jedem Fehler einen leichten Schlag. Ich hingegen belohne den Vogel jedes Mal, wenn er es richtig macht. Wer von uns beiden wird wohl schneller sein Ziel erreichen?

Genauso verhält es sich bei Ihren Mitmenschen und Mitarbeitern. Verzichten Sie gerade als Führungskraft auf Strafen und führen Sie durch Belohnung. Ich meine damit aber weniger irgendwelche materiellen Dinge als das, nach dem sich alle sehnen: Zuwendung und das wunderbare Gefühl, es einem anderen Menschen recht gemacht zu haben.

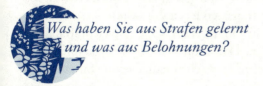

Was haben Sie aus Strafen gelernt und was aus Belohnungen?

五十六

Achte auf deine Gedanken

Ein Artikel, den ich vor einigen Jahren über die Kampfmönche von Shaolin geschrieben habe, endete mit dem Satz: »Ihr wahres Geheimnis liegt aber nicht in ihrer körperlichen Kraft. Es ist allein ihr Denken, das sie unbesiegbar macht.« Tatsächlich erkannten die Asiaten schon lange vor uns Europäern, welch ungeheure Kraft von unserem Denken ausgeht. So warnte bereits Konfuzius seine Schüler mit den Worten: »Achtet auf eure Gedanken, sie sind der Anfang eurer Taten!«

Damit wollte er nicht sagen, dass wir alles Böse, das wir uns ausdenken, nach und nach auch automatisch in die Tat umsetzen. Anderenfalls würde ja umgekehrt jeder einmal gefasste gute Vorsatz zu einer Veränderung führen. Tatsache bleibt aber, dass sich unser Leben in Wirklichkeit im Kopf abspielt. Allein unser Denken erzeugt Stärke und Angst, Freude und Trauer, Gut und Böse, Sympathie und Ablehnung, Urteile und Einschätzungen und nicht zuletzt so etwas wie Gewohnheiten.

Nun ist unser Gehirn ein an sich geniales Werkzeug, das jedoch mit einem kleinen Fehler behaftet ist: Es kann nicht unterscheiden, ob wir etwas tatsächlich erleben, uns an eine Sache erinnern oder uns diese nur vorstellen. Die Vorgänge, die sich in unserem Kopf abspielen, sind dabei jedes Mal gleich. Das können Sie daran erkennen, dass die Erinnerung an eine sehr unangenehme Situation Sie auch zwanzig Jahre später noch genauso emotional werden lässt wie am Ursprungstag. Dabei ist der aufkeimende Ärger derselbe, egal, ob der Gegner von damals uns gerade gegenübersitzt oder schon lange nicht mehr am Leben ist. Auch erzählte Geschichten bewegen uns in ähnlicher Weise.

Das bedeutet aber, dass wir etwas nicht unbedingt wirklich erlebt haben müssen, damit es uns vertraut wird. Es genügt, dass wir eine Situation oft genug im Kopf durchspielen, um sie für selbstverständlich zu halten. Aus diesem Grund verlieren Menschen auch die Angst vor einer vermeintlich unbezwingbaren Herausforderung, sobald sie nur ausreichend Gelegenheit haben, darüber zu sprechen, wie sie diese lösen werden.

Eigentlich eine gute Sache. Allerdings können wir auf diesem Weg auch unsere Einstellung verändern. Im Guten wie im Bösen. So ist Ihnen bestimmt bekannt, dass wir eine Sache nur ausreichend oft gehört haben müssen, um sie für wahr zu halten. Genauso genügt es, über etwas, das wir eigentlich nicht mit unserem Gewissen verbinden können, lange genug nachzudenken, damit wir es als richtig empfinden.

Nun haben die hinter unserem Denken stehenden Einstellungen einen direkten Einfluss auf unsere Handlungen. Sind Sie der Meinung, dass eine Sache ohnehin keinen Erfolg haben kann, werden Sie entsprechend keine Zeit darauf verschwenden, sie gelingen zu lassen. Natürlich können Sie sich im Falle des Scheiterns nachher auf die Schulter klopfen und sich dafür loben, es ohnehin vorher gewusst zu haben. Aber was genau haben Sie davon?

Asiatische Philosophen haben daher schon vor Jahrhunderten empfohlen, auf die eigenen Gedanken zu achten und sich vorher zu überlegen, zu welchem Ergebnis eine Denkweise führen wird. Erwarten Sie zu scheitern, so lässt sich das ganz leicht vermeiden: Ändern Sie einfach Ihre Gedanken. Die entsprechenden Taten und der gewünschte Erfolg folgen dann von selbst.

Welcher ist Ihr gefährlichster Gedanke?

Erschaffe dir deine Wirklichkeit

Es gibt, so sagt man in China, Dinge, die du nicht siehst, solche, die ich nicht sehe, und solche, die wir beide nicht sehen. Daher gibt es drei Wahrheiten: deine Wahrheit, meine Wahrheit und die Wahrheit.
So selbstverständlich das klingen mag, so wenig leben die meisten Menschen nach dieser Prämisse. Denn entgegen einer weitverbreiteten Annahme entscheiden wir niemals aufgrund von Tatsachen. Vielmehr treffen wir unsere Entscheidungen auf Basis dessen, was wir für Tatsachen halten, also sozusagen auf Basis unserer eigenen Wahrheit. Uns ist nicht wichtig, was tatsächlich ist, entscheidend ist für uns allein, was wir für Tatsachen halten.
Lassen Sie mich an einem kurzen Beispiel zeigen, wie wenig unsere Wirklichkeit am Ende oft mit dem zu tun hat, was tatsächlich passiert. Stellen Sie sich dazu bitte vor, Sie sitzen mit einer Gruppe Menschen, die Sie nur flüchtig kennen, bei einem Essen zusammen. Die Stimmung ist gut, und trotz lauter Musik im Hintergrund unterhalten Sie sich angeregt mit Ihrem Sitznachbarn über ein heikles politisches Thema, bei dem Sie einen nicht massentauglichen Standpunkt vertreten. Doch plötzlich meinen Sie, Ihren Ohren nicht zu trauen. Was hat der Herr gegenüber da gerade zu Ihnen gesagt? Das kann jetzt aber wirklich nicht sein! Mit einem lautstarken »Das

lasse ich mir nicht bieten!« knallen Sie das Besteck auf den Tisch und verlassen die Runde. Der Verursacher Ihres Ärgers ist mindestens so verdutzt, wie Sie verärgert sind. Warum um alles in der Welt drehen Sie durch, nur weil er sagt, dass er der Meinung sei, dass zu diesem Essen Rotwein am besten passe? Woher soll er schließlich wissen, dass Sie ihn sagen gehört haben, dass er bei »Menschen mit Ihrer Meinung rotsehe«? Eigentlich hat Ihre Entscheidung, sich den Abend verderben zu lassen, überhaupt nichts mit dem zu tun, was tatsächlich passiert ist. Weder hat Ihr Gegenüber irgendetwas Kränkendes oder Unhöfliches gesagt, noch war es in irgendeiner Form seine Absicht, Ihren Zorn zu provozieren.

Umgekehrt bedeutet das natürlich, dass Sie sich selbst genau die Wirklichkeit schaffen können, die Sie möchten. Ich erinnere mich noch gut an eine Situation im deutschen Fernsehen, in welcher ein Kandidat einen kampflosen Sieg erringen und seinem Gegner eine herbe Niederlage hätte bereiten können – wenn er diese Technik gekannt hätte. Konkret geht es um eine Ausgabe der Sendung »Deutschland sucht den Superstar«, in der sich junge Gesangstalente einer strengen Jury stellen müssen, der auch der für seine oft verletzenden Sprüche bekannte Musikproduzent Dieter Bohlen angehört. Nach dem mehr als misslungenen Auftritt eines Kandidaten, der von den beiden anderen Juroren heftig kritisiert worden war, meinte Bohlen zum allgemeinen Erstaunen: »Also ich fand das ja super!« Doch das ungläubige Strahlen des Kandidaten währte nur bis zum Nachsatz: »Super Scheiße.« Dann folgten dicke Tränen und eine quotenwirksame Diskussion über die Frage, ob man denn so mit Jugendlichen umgehen dürfe.

Ich habe mich damals gefragt, wie die Szene wohl ausgegangen wäre, wenn der Kandidat nach Bohlens vermeintlichem Lob laut jubelnd von der Bühne gelaufen wäre und den bösen Zusatz deshalb gar nicht mehr hätte hören können. Er würde noch heute mit der wunderbaren Tatsache leben, dass Dieter Bohlen gerade seinen Gesang genial findet. Selbst wenn das nichts mit Bohlens Wirklichkeit zu tun hat.

Müssen Sie immer alles hören?

Zeige nur das Beste

Eines Tages, so heißt es in einer Zen-Geschichte, ging Banzan über einen Markt und hörte dort ein Gespräch zwischen einem Metzger und seinem Käufer. »Gib mir das beste Stück Fleisch, das du hast«, sagte der Käufer. »Alles in meinem Laden ist das Beste«, erwiderte der Metzger. »Du kannst hier kein einziges Stück Fleisch finden, das nicht das beste ist.« Bei diesen Worten wurde Banzan erleuchtet.

Diese Geschichte begleitet mich schon lange. So wollte ich, als ich Ausbildungslehrgänge für angehende Berufsfotografen veranstaltete, das Niveau dieser Lehrgänge möglichst hochhalten. Um sicher sein zu können, dass meine Schüler als Absolventen auch meine Ansprüche erfüllten, mussten sich angehende Studenten vorher in einer Prüfung für die Teilnahme qualifizieren. Diese Aufnahmeprüfung bestand nun einerseits aus Fragen über fotografische Technik, also eher etwas, um den Schülern zu zeigen, worum es in dem Kurs gehen sollte. Eine Vorschau auf das Niveau, das in dem Kurs von ihnen gefordert würde.

Viel wichtiger aber war es für mich, von den Kandidaten eine Auswahl ihrer Fotos gezeigt zu bekommen. Hier wiederum interessierte mich vor allem die Art der Präsentation. Diese verrät viel mehr über den Zugang des Kandidaten zu seinem späteren Beruf als irgendein Fragebogen.

Wie wurden mir die Bilder vorgelegt? Zog der Bewerber sie direkt aus einer Papiertüte, präsentierte er sie mir auf dem Monitor, spielte er sie von einem Datenstick herunter – oder demonstrierte mir der Bewerber schon anhand der Aufmachung, dass seine Bilder für ihn persönlich einen gewissen Wert besaßen?

Wenn nämlich, so meine Überlegung, die Aufnahmen dem Fotografen selbst nicht wichtig waren, wie wollte er später einmal seinen Kunden vermitteln, dass diese bei ihm etwas ganz Besonderes erwarten durften? Abgesehen davon, geht ein Fotograf mit seinen Bildern meist genauso um wie mit allem, was er geschaffen hat.

Wie präsentieren eigentlich Sie Ihre Bilder? Wie viel Aufmerksamkeit und Sorgfalt lassen Sie Ihren Arbeitsergebnissen, Ihren Werken und damit indirekt sich selbst zukommen?

Einmal wurde ich von einem Schüler auf dieses Aufnahmeprocedere angesprochen. »Mich würde interessieren«, meinte er, »wie du meinst, feststellen zu können, ob jemand fotografieren kann. Oder anders gefragt: Wie gehst du vor, wenn jemand dich bittet, seine Bilder zu beurteilen?« Im Grunde ist die Antwort auf diese Frage recht offensichtlich. Ich tue das, was jeder Kunde – wenn auch unbewusst – auch täte, und konzentriere mich ausschließlich auf das schlechteste Bild, das mein Gegenüber mir vorlegt. Das hat nichts mit Bösartigkeit zu tun. Ich will ja niemanden heruntermachen. Aber gute Bilder können ja Zufall sein. Die schlechten hingegen verraten das tatsächliche Verständnis einer Person für ihr Handwerk. Zeigt mir jemand beispielsweise zehn perfekt belichtete Bilder und dazu eines, das ganz offensichtlich zu dunkel ist, dann weiß ich, dass er nichts von Belichtung versteht. Andernfalls wäre ihm nämlich aufgefallen, dass ihm bei dem einen Foto ein Fehler unterlaufen ist, und er hätte es aus der Auswahl entfernt.

So tun es alle. Auch ein Kunde misst Sie unbewusst nicht am besten, sondern am schlechtesten Ergebnis Ihrer Arbeit, das Sie bereit sind, ihm zu zeigen. Entfernen Sie also aus Ihren Präsentationen alles, von dem Sie nicht mit ruhigem Gewissen sagen können, dass es zum Besten gehört, was Sie zu zeigen haben.

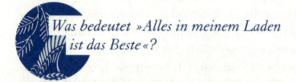

Was bedeutet »Alles in meinem Laden ist das Beste«?

Erkenne Erfordernisse

Immer wieder werde ich gefragt, ob das, was ich über die Asiaten erzähle, tatsächlich auf alle Bewohner dieses Kontinents zutrifft. Nun gibt es natürlich Unterschiede zwischen den Menschen in den einzelnen Ländern, da gibt es kulturelle Eigenarten wie überall auf der Welt. Eine Fähigkeit aber habe ich in allen asiatischen Ländern, die ich im Laufe der Jahre bereist habe, immer wieder gesehen. Da ich sie in Europa meist vermisse, erlaube ich mir, sie pauschal als »asiatisch« zu definieren: Die oft kompromisslose Bereitschaft, sich an Gegebenheiten und Situationen anzupassen. So zählt für die meisten Asiaten, die ich getroffen habe, nicht, was sie möchten oder gut finden, sondern allein das, was wirklich nötig ist, um ein gegebenes Ziel zu erreichen. Zur Perfektion gebracht hat man diese Idee meiner Ansicht nach im touristischen Zentrum von Thailands Hauptstadt Bangkok auf einer Straße, die unter Asienreisenden Kultstatus genießt: auf der Khao San Road.

Was vor etwas mehr als zwanzig Jahren als gewöhnliche Straße mit ein paar günstigen Unterkünften begonnen hat, zählt heute wohl zu den finanziell erfolgreichsten touristischen Gegenden der Welt. An vielen Abenden ist es hier so überfüllt, dass an ein Fortkommen im Wortsinn nicht zu denken ist. Überall stehen oder sitzen Menschen, die essen, trinken oder einkaufen. Doch was ist das Geheimnis hinter diesem Erfolg?

Der erste Schritt war die Bereitschaft, ein tiefes Verständnis dafür zu entwickeln, was Reisende tatsächlich erwarten. Dann wurde aus dem gesamten Bereich um die Khao San Road alles entfernt, was zwar typisch für Bangkok ist, aber nicht der Vorstellung eines Durchschnittstouristen von einem Asienaufenthalt entspricht. So wurde beispielsweise der Autoverkehr auf ein Minimum beschränkt und die echte thailändische Küche verbannt. Der größte Teil der Touristen will nämlich, und das hatte man schnell erkannt, nicht essen, was asiatisch ist, sondern das, was man gemeinhin dafür hält. Folglich wurden die angebotenen Speisen dem Geschmack der Ausländer angepasst und gegebenenfalls neue kreiert. Ob »Pad Thai Nudeln«, die mit Thai-Essen so viel zu tun haben wie das Essen im China-Restaurant mit chinesischer Küche im Land selbst, oder seit neuestem das ursprünglich türkische Döner-Kebab, das in Thailand noch vor wenigen Jahren völlig unbekannt war: Geboten wird, was die Gäste nachfragen. Zubereitet auf eine Art, die zwar kaum dem Koch, dafür aber dem Kunden schmeckt. Auch an die Zielgruppe der besonders verwegenen Reisenden wurde gedacht. Sie bedienen sich von einem der Rollwagen, auf denen gebratene Insekten und sonstiges Getier angeboten werden. Unter lautstarker Bewunderung der Umstehenden machen sie das obligatorische Selbstporträt mit dem Käfer zwischen den Zähnen, bevor sie dann mit versteinerter Miene hineinbeißen. Die Verkäufer, für die das Gruselobjekt nichts anderes als eine alltägliche Delikatesse ist, die man am besten mit viel Sojasauce und Salz genießt, stehen höflich lächelnd daneben. Irgendwann haben sie erkannt, dass die Passanten lieber fotografieren als kaufen. Seither liegen die besonders fotogenen gebratenen Spinnen und Kröten ganz vorne – und wer ein Foto machen möchte, der muss bezahlen.

Oft schon habe ich mich gefragt, ob die Einheimischen nicht ihre Seele verkaufen. Nein, das tun sie keineswegs. Sie stellen einzig ihre eigenen Ansichten zurück und akzeptieren, dass viele Reisende am liebsten für Klischees bezahlen. Der Erfolg gibt ihnen recht. Denn an manchen Abenden wird auf dieser einen Straße wohl mehr Umsatz gemacht als anderswo in einer ganzen Woche.

Warum ist es wichtig, was Sie über den Wunsch eines Kunden denken?

Nutze die Kraft deines Gegners

Vor vielen Jahren hatte ich einmal die Gelegenheit zum Gespräch mit einem sehr erfolgreichen chinesischen Kulturmanager, auf dessen Initiative unter anderem die Welttourneen der Shaolin-Mönche zurückgehen. Wir sprachen damals über das Thema »Umgang mit einem Mitbewerber«. In wenigen Punkten, so seine Meinung, unterscheide sich die westliche Kultur so sehr von der östlichen wie in diesem. Könne beispielsweise ein europäisch geprägter Firmenchef etwas nicht erreichen, sei es ihm vor allem wichtig zu verhindern, dass es der Konkurrenz gelinge. Im schlimmsten Fall sei ein Manager aus dem »Westen« auch bereit, den Markt für alle anderen zu zerstören. Für einen Chinesen hingegen sei ein solches Verhalten undenkbar. Dieser warte nämlich vielmehr ab und ließe den Mitbewerber in Ruhe das Geschäft erst einmal aufbauen, um es dann zu einem geeigneten Zeitpunkt zu übernehmen.

Ein in Branchenkreisen bekanntes Beispiel für diese Taktik war der Kampf eines damals unbekannten asiatischen Computerherstellers gegen einen der Marktführer in Amerika. Eines Tages kamen die Manager des taiwanesischen Unternehmens in die Zentrale der Amerikaner und machten ihnen einen Vorschlag. Sie wollten dem amerikanischen Unternehmen Bestandteile für seine

Rechner liefern von der gleichen Qualität wie die aus eigener Herstellung, aber um ein Fünftel billiger. Begeistert nahmen die amerikanischen Führungskräfte den Vorschlag an. Nachdem alles zur beiderseitigen Zufriedenheit verlief, boten die Asiaten an, das Angebot auszuweiten. Zuerst auf weitere Teile, dann auf den Zusammenbau und schließlich auf den Kundensupport. Alles in höchster Qualität und um zwanzig Prozent günstiger. Irgendwann war es so weit, und nur noch das Logo auf den Geräten kam tatsächlich aus den USA. Da sahen die Taiwanesen die Stunde des Angriffs gekommen. Sie kontaktierten große Hardwarehändler und erklärten ihnen, dass die vermeintlich amerikanischen Computer, mit denen sowohl Händler als auch Kunden zufrieden waren, zur Gänze in Asien hergestellt würden. Falls der Handel nun damit leben könne, die exakt gleiche Qualität unter einem anderen Markennamen zu verkaufen, biete man ihnen die Geräte gerne um ein Fünftel günstiger an ...

Blendet man einmal die Frage der Wirtschaftsethik aus, so erkennt man hinter diesem Vorgehen eine durchaus interessante Strategie: Es ist nicht sinnvoll, sich damit abzumühen, den Gegner durch Kampf zu schwächen. Lassen Sie es den Gegner selbst tun, indem Sie seine Energie – möglichst unbemerkt – gegen ihn selbst richten.

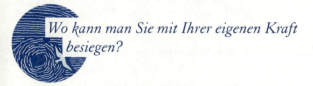

Wo kann man Sie mit Ihrer eigenen Kraft besiegen?

Investiere in das Richtige

Im Gegensatz zur Absicherung in vielen westlichen Staaten gibt es in den meisten Ländern Asiens kein Sozialsystem, das Bedürftige auffängt. Während in den ländlichen Gegenden diese Aufgabe nach Möglichkeit noch von der Familie übernommen wird, müssen die Menschen in den Städten selbst schauen, wie sie mit ihren Problemen fertig werden.

Daher sieht man immer wieder – vor allem in von Touristen frequentierten Stadtteilen – meist junge Menschen, die versuchen, sich mit dem Verkauf von selbstgefertigter Kunst etwas dazuzuverdienen. In Bangkok beispielsweise reicht das Spektrum von handgehäkelten Teddybären über gemalte Landschaften bis hin zu Modellen von Motorrädern und Flugzeugen, die in Handarbeit aus alten Getränkedosen hergestellt werden. Erzeugt und ausgestellt werden die Produkte allerdings nicht in aufwendigen Galerien, sondern in alten Telefonzellen oder direkt auf der Straße. Ein eigenes Atelier, so die Philosophie der meisten Künstler, könne sich immer noch leisten, wer mit dem Verkauf Erfolg habe. Für alle anderen geht es zuerst einmal darum, in die – meist hervorragende – Qualität der Produkte und den Straßenverkauf zu investieren.

Auch wenn ich natürlich nicht der Meinung bin, dass Sie Ihr Büro ab sofort auf die Straße verlegen sollen, können wir von den jungen Asiaten doch etwas lernen. Ein Europäer, der darüber nachdenkt, sich selbständig zu machen, scheitert in vielen Fällen nämlich bereits daran, sich die vermeintlich unabdingbaren Voraussetzungen dafür zu schaffen. Denn selbst wenn es in absehbarer Zeit keinen direkten Kundenverkehr geben wird, müssen zuerst einmal ein repräsentatives Büro, ein Leasing-Auto und ein großer Laptop angeschafft werden. Aber muss das wirklich sein?

Das Ganze geht oft so weit, dass es vielen nicht gelingt, mit der eigentlichen Arbeit zu beginnen, weil sie viel zu sehr mit der Vorbereitung beschäftigt sind. Eine Investition, die sich gar nicht auszahlen kann, weil man ja nicht nur nichts verkauft, sondern die ganze Energie auf etwas anderes verschwendet!

Überspitzt gesagt: Während der europäische Jungunternehmer noch an der genauen Gestaltung des Eingangsbereiches tüftelt, steht der Asiate auf der Baustelle und hat im Rohbau bereits die erste Charge verkauft.

Meiner Meinung nach steckt dahinter jedoch etwas anderes: Wer ein konkretes Vorhaben immer wieder aufschiebt, der hat vermutlich Angst zu versagen. Und so halten sich viele Menschen mit vorgeblich notwendigen Investitionen selbst davon ab, einmal etwas Neues zu versuchen. Denn bevor sie sich das alles antun, so die weitverbreitete Ansicht, ist es doch einfacher, die Dinge zu belassen, wie sie sind.

Dabei wäre der ganze Aufwand, wie das Beispiel Bangkok zeigt, gar nicht notwendig. Für den Anfang genügt es, wenn Sie in das investieren, worum es wirklich geht: in ein gutes Produkt. Und dann fokussieren Sie einfach Ihre Kraft auf den Glauben an die Möglichkeit, mit diesem Produkt auch erfolgreich zu sein – und auf die Bereitschaft, einmal mit dem zu beginnen, was verfügbar ist.

Welche vermeintlich notwendigen Investitionen halten Sie davon ab, einfach einmal zu beginnen?

Kontrolliere deinen Zorn

Wer das erste Mal mit den Menschen im asiatischen Kulturraum in Berührung kommt, empfindet diese häufig als kühl und emotionslos. Immer wieder werde ich von Mitreisenden gefragt: »Sag, haben die Menschen hier denn überhaupt keine Gefühle?«
Natürlich haben sie welche! Allerdings gelten diese nach asiatischer Vorstellung als derart schädlich, dass sie niemals unser Handeln bestimmen sollten. Zu groß scheint den Asiaten die Gefahr, wir könnten unter dem Einfluss der Gefühle etwas tun, was wir nachher bereuen. Als besonders gefährlich gilt hier der Zorn. Ließe man diesem freien Lauf, würde er nämlich Schranken öffnen, die besser geschlossen bleiben. Eine Ansicht, die bei genauerer Betrachtung gar nicht so abwegig ist. Denn tatsächlich tun wir im Zorn völlig hemmungslos Dinge, an die wir in einem ausgeglichenen Zustand nicht einmal denken würden. Wahrscheinlich ist das auch der Grund, warum ausgelebter Zorn in unseren Breitengraden als etwas Befreiendes gilt. Schließlich haben wir nur in diesem Zustand endlich den Mut, dem Chef einmal zu sagen, was wir wirklich von ihm halten!
Bei all der Freude stellt sich für mich aber eine Frage: Wenn jemand tatsächlich möchte, dass sein Chef weiß, wie schlecht er eigentlich über ihn denkt, warum geht dieser Mensch dann nicht einfach hin und sagt es ihm?

Wofür braucht es da die Emotion des Zorns? Weil nur der Zorn ebenjene Dämme bricht, die normalerweise aus gutem Grund geschlossen sind. Solange wir klar denken können, sind wir uns dessen bewusst, dass es weder gut noch immer notwendig ist, dass alle wissen, welche Meinung wir tatsächlich über sie haben.

Zorn hat aber noch den anderen, schwerwiegenden Nachteil, dass er unsere Schwachstellen verrät. Wer nämlich auf eine Attacke seines Gegners mit Wut reagiert, bestätigt dem Angreifer damit, dass dieser einen wunden Punkt getroffen hat, auf den es sich durchaus lohnt, noch fester einzuschlagen.

Nun sind viele Menschen aber der Überzeugung, dass oft erst der Zorn den Mut und die Energie für Veränderungen erzeugt. Was bei vielen das unangenehme Gefühl aufkommen lässt, der Verzicht auf Wut könne bedeuten, sich alles gefallen lassen zu müssen.

Ein einfaches Gedankenexperiment zeigt jedoch das genaue Gegenteil. Stellen Sie sich nur einmal einen Rechtsanwalt vor, der sich in jeden Fall persönlich emotional hineinsteigert. Wann immer er etwas als Ungerechtigkeit empfindet, poltert und schreit er vor Gericht herum, um seiner Wut gebührend Ausdruck zu verleihen. Abgesehen davon, dass dieser Mann seinen Job rein körperlich mit Sicherheit nicht lange wird machen können, denken Sie ernsthaft, dass er mit diesem Verhalten etwas Sinnvolles bewegt? Ich denke nicht. Ganz im Gegensatz zu seinem Kollegen, der lächelnd und ruhig kundtut, wo seinem Klienten etwas nicht passt.

Lernen Sie daher von der Philosophie vieler Asiaten, und kontrollieren Sie Ihre Wut. Wie alle Emotionen hat auch die Energie des Zorns durchaus ihren Zweck in unserem

Leben. Wer dieser Kraft aber unkontrolliert ihren Lauf lässt, zerstört am Ende nicht seinen Gegner, sondern ganz allein sich selbst.

Warum gibt es Zorn?

Kontrolliere deine Gier

Auch wenn der Tourismus einem Land vermeintlich viele Segnungen bringt, so überwiegen am Ende für einen Großteil der Bevölkerung meist die Nachteile. Das fällt mir auch in Europa auf, wo ich mittlerweile alle Länder bereist habe. Besonders stark ist es jedoch in vielen Ländern Asiens zu beobachten, wo Reisende die ursprünglichen Kulturen bereits in großem Ausmaß beeinträchtigt haben. Das größte Problem sind hierbei mangelnder Respekt und das fehlende Verständnis für die vorherrschenden Kulturen.

Da diese Problematik mittlerweile auch den Behörden bekannt ist, haben diese in vielen Ländern nach Möglichkeiten gesucht, den Touristenstrom zu kanalisieren. So lenkt man heutzutage die Touristen gezielt in jene Städte, die ohnehin bereits beeinträchtigt wurden, und hofft, dass das Heer der Reisenden die anderen Orte in Ruhe lässt.

Eine besonders effiziente Lösung für dieses Problem hat man in Vietnam gefunden. Sie nennt sich »Offenes Busticket« und ist eine Art Netzkarte für Backpacker, mit der diese im Zeitraum von dreißig Tagen das Land von Norden nach Süden durchqueren können. Hierbei gibt es aber zwei Einschränkungen. Erstens ist das Ticket nur für bestimmte Busse gültig, die zufällig ausschließlich jene Touristen-Hotspots miteinander verbinden, in welche die Ausländer nach Vorstellung der Behörden fahren sollten. Zweitens ist die Fahrt nur in einer Richtung möglich. Man kann also entweder von Hanoi nach Saigon fahren oder umgekehrt, das zweimalige Befahren der gleichen Strecke ist nicht gestattet.

Das eigentlich Interessante an diesem Ticket aber ist für mich, dass damit auf eine unglaublich professionelle Art die Gier vor allem junger Reisender angesprochen wird. Und das funktioniert folgendermaßen: Die Interessenten werden gleich beim Kauf ausdrücklich darauf hingewiesen, dass diese Fahrkarte auch die kostenlose Benutzung spezieller »Schlafbusse« ermöglicht. Mit diesen kann man einerseits die teilweise sehr langen Strecken in der Nacht hinter sich bringen und gleichzeitig natürlich auch noch das Geld für die Unterkünfte sparen.

Wer zu diesem Zeitpunkt noch immer Zweifel hat, ob ihm dieses Ticket auch persönlich einen Vorteil bringt, ist überzeugt, wenn er hört, dass diese Netzkarte für eine Strecke von über eintausendsiebenhundert Kilometern etwa den Gegenwert eines durchschnittlichen Wochenendeinkaufs zu Hause kostet. Auf die Idee, dass es dennoch um einiges günstiger sein könnte, die Fahrkarten einzeln zu kaufen, kommen die wenigsten.

Der eigentliche Haken bei diesem Ticket liegt jedoch woanders: bei den Reisenden selbst. Diese glauben nämlich, es unbedingt ausnutzen zu müssen. Schließlich haben sie ja dafür bezahlt! Anstatt also wie ursprünglich vielleicht geplant eine gewisse Zeit an einzelnen Orten zu verweilen, sich die Städte mit Muße anzusehen, sitzen oder liegen viele plötzlich nur noch im Bus. Nur nichts von dem kostbaren Billett vergeuden! »Wenn wir hier nur einen halben Tag bleiben, statt der vorgesehenen zwei«, so habe ich immer wieder gehört, »dann können wir auch noch dort und dort hinfahren!« An Orte wohlgemerkt, die teilweise so weit auseinanderliegen, dass die betreffenden Reisenden sie wahrscheinlich niemals in Betracht gezogen hätten, wenn sie die Fahrkarten dafür am Schalter hätten erwerben müssen.

Gier, so soll uns diese Geschichte lehren, ist immer ein schlechter Ratgeber. Wenn wir nicht achtsam sind, stiehlt sie uns neben dem Geld für die vermeintlich günstige Netzkarte nämlich auch noch die Zeit, die wir verlieren, um diese zu nutzen. Denn auch wer sich für diese Fahrkarte entscheidet, kann trotz allem noch immer so lange an einem Ort bleiben, wie er es möchte.

Bestimmen Sie selbst über den Verlauf Ihres Lebens. Und geben Sie diese Entscheidung nicht an ein Stück Papier in Form eines Bustickets ab.

Was tun Sie, wenn Sie zwar für ein Buffet bezahlt, aber überhaupt keinen Hunger haben?

六十四

Verwandle Schwächen in Stärken

Im dritten nachchristlichen Jahrhundert, in der sogenannten »Zeit der drei Reiche«, zog der Militärstratege Zhuge Liang mit fünftausend Soldaten nach Xicheng. Er stand vor der schwierigen Aufgabe, die Stadt vor einem erwarteten Angriff des Generals Sima Yi zu beschützen. Dieser rückte tatsächlich kurz darauf mit einem Heer von mehr als einhundertfünfzigtausend Mann an.

Zhuge Liang wusste, dass er der dreißigfachen Übermacht des Feindes nichts entgegenzusetzen hatte, und beschloss daher, zu einer List zu greifen.

Er befahl, die Tore der Stadt zu öffnen, und setzte sich selbst mit einer Zither auf die Stadtmauer. Als sein Gegner Sima Yi das sah, vermutete er sofort eine Falle. Zhuge Liang war in seinen Augen nämlich viel zu vorsichtig, um jemals ein derart offenkundiges Risiko auf sich zu nehmen. Sima Yi verzichtete in der Folge auf einen Angriff und zog seine Truppen wieder ab.

Nachdem der Feind das Gebiet verlassen hatte, meinte Zhuge Liang: »Hätten wir die Stadt aufgegeben und die Flucht ergriffen, wären wir bestimmt nicht weit gekommen.«

Für mich ist diese wahre Geschichte, die in China seit bald eintausendachthundert Jahren von Generation zu Generation unter dem Titel »Die List der offenen Stadttore«

weitergegeben wird, eines der schönsten Beispiele dafür, dass Sieg niemals das Resultat von Kampf ist. Vielmehr ist er allein das Ergebnis einer inneren Einstellung.

Tatsächlich kommt es nur sehr selten darauf an, wie stark wir wirklich sind. Entscheidend ist vielmehr, für wie stark unser Gegner uns hält und auf welche Gegenwehr er folglich zu treffen erwartet.

Ein Umstand, den der chinesische Militärphilosoph Sunzi mit folgenden Worten auf den Punkt gebracht hat: »Was den Feind dazu bewegt, sich zu nähern, ist die Aussicht auf Vorteil. Was ihn vom Kommen abhält, ist die Aussicht auf Schaden.«

Wäre es in der oben beschriebenen Situation tatsächlich zu Kampfhandlungen gekommen, hätten die verteidigenden Truppen keinerlei Chance gehabt. Erst durch die Fähigkeit, die eigenen Schwäche zu einer Stärke zu machen, gelang es Zhuge Liang, auch einen scheinbar unbesiegbaren Gegner zu besiegen.

Die wichtigste Voraussetzung für diesen Sieg war die Erkenntnis, dass jene Stärke, die uns gewinnen lässt, alleine in unserem Denken liegt. Hätte der Verteidiger die Nerven verloren und seinen Truppen die Flucht befohlen, wäre die Sache für ihn und seine Mannen wohl ziemlich ungünstig ausgegangen.

Das bedeutet aber nicht, dass wir selbst uns über unsere Schwachpunkte hinwegtäuschen dürfen. Ganz im Gegenteil müssen wir sie suchen und finden, um uns dann an genau diesen Stellen besonders zu schützen. Und wir müssen sie natürlich auch vor unserem Gegner verbergen.

Um einen Kampf zu vermeiden, ist es nicht zwingend notwendig, tatsächlich stark zu sein. Wer kampflos gewinnen will, muss vor allem stark erscheinen. Denn jeder Angreifer wird sein Gegenüber zuallererst danach beurteilen, was er in diesem sieht.

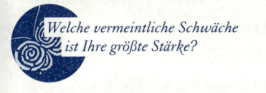

Welche vermeintliche Schwäche ist Ihre größte Stärke?

Akzeptiere
Angriffsversuche

Neben den vielen angenehmen Seiten, die ich im Laufe der Jahre an den Asiaten kennengelernt habe, gibt es auch etwas, das ich weniger schätze: Wenngleich Betrug wohl überall auf der Welt grassiert, habe ich oft das Gefühl, die kreativsten Methoden im asiatischen Raum kennengelernt zu haben. Auch wenn mir die Ideen, auf welche dort die Menschen kommen, durchaus zuweilen Respekt abringen, empfinde ich es in den meisten Fällen einfach als ärgerlich.

So kann es beispielsweise vorkommen, dass man in Indien am offiziellen Fahrkartenschalter ein Busticket kauft. Der Fahrer, dem man es mit der Frage präsentiert, ob man in den richtigen Bus einsteige, wirft einen kurzen Blick darauf und nickt bestätigend. Also geht man zu seinem Platz und denkt, es sei alles in Ordnung. Die böse Überraschung kommt einige Zeit später, wenn der Bus den Bahnhof schon lange verlassen hat. Dann nämlich möchte der Chauffeur die Fahrkarte plötzlich noch einmal sehen. Er betrachtet sie lange und schüttelt dabei immer wieder den Kopf. Bis er einem sagt, dass man bedauerlicherweise am Schalter statt eines Fahrausweises ein unbrauchbares Stück Papier erworben habe und nun den Fahrpreis erneut entrichten müsse. Ob das Ticket tatsächlich ungültig ist, der Fahrer versucht, an zusätzliches

Geld zu kommen, oder ob er den ergaunerten Betrag nachher mit dem Schalterbeamten teilt, tut nichts mehr zur Sache. Wer nicht bezahlt, steigt aus.

Wenn ich mich mit jungen Menschen unterhalte, die das erste Mal in ihrem Leben in Asien unterwegs sind, spreche ich meist auch dieses Thema an. Zum einen interessieren mich ihre Erlebnisse, zum anderen würde ich ihnen manche Erfahrung gerne ersparen. Doch erstaunlicherweise sind meine Gesprächspartner fast immer der Meinung, auf ihrer Reise noch nie einer Gaunerei zum Opfer gefallen zu sein. Eine Idee, um die ich sie irgendwie beneide. Nicht, weil sie tatsächlich noch niemals betrogen worden sind. Sondern einfach, weil sie es tatsächlich nicht realisiert haben und daher in dem Glauben leben können, es sei ihnen wirklich noch nie passiert.

Meiner Ansicht nach ist vieles, was uns im Laufe des Lebens zustößt, ohnehin meist nur dann wirklich schlimm, wenn es uns bewusst wird. Solange man, um beim Beispiel der Fahrkarten zu bleiben, nicht weiß, dass alle Umstehenden nur die Hälfte gezahlt haben, weil der »Aufschlag zum Geburtstag des Königs« ausschließlich für die Touristen erfunden wurde, hat man nicht das Gefühl, über den Tisch gezogen worden zu sein. Ganz im Gegenteil freut sich der unbedarfte Reisende in den meisten Ländern Asiens, wo die Kosten noch immer weit unter europäischem Niveau liegen, auch dort über ein Schnäppchen, wo er das Dreifache des offiziellen Preises bezahlt hat. War es doch billiger als daheim!

Einen wirklichen Schaden erleidet hingegen, wer einem Betrug noch beim Versuch auf die Schliche kommt. Dann verdirbt ihm der Ärger über dieses unfassbare Verhalten –

gepaart mit einer großen Portion Selbstmitleid – zumindest einen Tag lang die gute Laune.

Ich gebe zu, auch ich habe mich am Anfang aufgeregt, wenn ein Taxifahrer die Verwendung des Taxameters mit der Begründung verweigerte, der von ihm angebotene, doppelt so hohe Pauschalpreis sei doch viel günstiger. Heute bleibe ich bei so etwas gelassen. »Probieren darf er es!«, denke ich mir dann und lehne das Angebot lächelnd ab. Schließlich zwingt mich ja niemand, diesen weit überhöhten Preis zu akzeptieren.

Ärgern Sie sich mehr über einen versuchten oder über einen gelungenen Betrug?

Erlaube Wunder

Als vor einigen Jahren Nordkoreas Machthaber Kim Jong-Il nach einem Herzinfarkt aus dem Leben schied, ereigneten sich kurz darauf seltsame Dinge. Glaubt man den koreanischen Staatsmedien, dann wischte ein weißer Vogel, der viel größer war als eine Taube, Schnee von den Schultern eines Kim-Denkmals, brach am Geburtsort des »Lieben Führers« das Eis mit einem lauten Donnern ein und war auf einer nach ihm benannten Bergspitze ein kurzes Leuchten zu sehen. Diese Berichte, die im Westen umgehend zum Ziel öffentlichen Spotts wurden, verraten dem unvoreingenommenen Beobachter jedoch noch etwas anderes. Wir können Zeuge einer erstaunlichen Einstellung werden: Wunder geschehen. Und das ist auch gut so. Die meisten Asiaten wollen staunen. Wo viele von uns versuchen würden, unglaubliche Erzählungen schnellstmöglich mit harten Fakten zu untermauern oder zu zerstören, passiert in den asiatischen Ländern oft genau das Gegenteil. Dort sind Geschichten ein wichtiger Teil des Lebens.

Schon der große chinesische Philosoph Laozi wurde der Legende nach von seiner Mutter aus der linken Achselhöhle geboren, nachdem diese neunzig Jahre mit ihm schwanger war. Und auch in Vietnam gibt es drei besonders wichtige Heilige, deren Darstellungen in jedem Haushalt und an jedem öffentlichen Platz verehrt werden. Einer von ihnen hat einen im Verhältnis zu seinem Körper viel zu großen Kopf. Dachte ich bei meiner ersten Begegnung mit dieser Figur noch an einen Produktionsfehler, wurde mir bald klar, dass sie tatsächlich so aussehen soll. Der betreffende Heilige, so erfuhr ich auf Nachfrage, sei nämlich besonders klug gewesen. Was es naturgemäß mit sich bringe, dass sein Gehirn auch mehr Platz beanspruche als das eines Durchschnittsmenschen.

Wir aufgeklärten Rationalisten wollen hingegen alles ganz genau wissen, weil wir gelernt haben, wissen zu müssen. Daher denken wir noch Jahre später über Missverständnisse nach, nur um ganz sicherzugehen, dass etwa die Aussage unseres Gegenübers auch wirklich ausschließlich als Kränkung zu verstehen gewesen war und nicht als Lob, wie wir zuerst gedacht hatten. Oder ob es wirklich reine Menschenfreundlichkeit war, deretwegen uns jemand geholfen hat.

Warum aber lassen wir die Dinge nicht einfach, wie sie sind? Woher kommt dieser Zwang, zu zerstören, was uns Freude macht oder staunen lässt?

Nehmen wir nur als Beispiel einen Magier, der Ihnen und asiatischen Zuschauern einen unglaublichen Trick vorführt. Das Publikum um Sie herum staunt freudig, sagt bewundernd »Oh …« – und lässt die Sache auf sich beruhen. Ihnen aber ist klar, dass es so etwas wie Zauberei nicht geben kann. Folglich lässt Ihnen auch die Frage nach dem »Wie macht er das nur?« keine Ruhe. Sie suchen im Internet, fragen Bekannte und recherchieren in Büchern, bis Sie nach einiger Zeit tatsächlich die Auflösung finden. Doch zu Ihrer großen Enttäuschung stellen Sie fest, dass dieser Trick viel simpler ist, als Sie es nach der spektakulären Vorführung erwartet hätten. Genau in diesem Moment ist der Zauber verloren. Denn anstelle einer Illusion sehen Sie von jetzt an nur noch die Umsetzung einer Ihnen bekannten Zaubertechnik. Was genau aber haben Sie dadurch gewonnen?

Lassen Sie Wunder zu. Widerstehen Sie dem Drang, hinter alles schauen, alles verstehen und alles erfahren zu müssen. Sie müssen nicht alles wissen. Viel zu oft verlieren Sie dadurch nämlich mehr, als es überhaupt zu gewinnen gäbe.

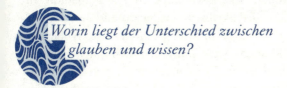

Worin liegt der Unterschied zwischen glauben und wissen?

Repariere, statt zu ersetzen

Im vietnamesischen Ort Nha Trang gibt es eine Straße, die mich besonders fasziniert. Ich nenne sie die »Reparaturstraße«, weil sich dort Werkstatt an Werkstatt reiht. Ob Motorroller, Nachttischlampe oder Mobiltelefon: In diesen Läden wird akribisch wieder instand gesetzt, was woanders schon lange im Müll gelandet wäre. Wobei der Ausdruck »Laden« jetzt wahrscheinlich einen falschen Eindruck hervorruft. Es ist nämlich so, dass die Handwerker die Reparaturen auf dem Gehsteig vor ihren Geschäften durchführen. Wozu denn ein teures Lokal mieten, wenn es auf öffentlichem Grund genauso gut geht? Da in den meisten asiatischen Ländern der »öffentliche Grund« nicht nur so heißt, sondern tatsächlich als gemeinschaftlich genutzter Raum verstanden wird, hat auch niemand ein Problem damit.

Ich erinnere mich noch gut an meine Verwunderung, als ich das erste Mal beobachtete, wie ein Vietnamese mit großer Hingabe einen alten Zimmerventilator reparierte. »Warum um alles in der Welt«, fragte ich ihn schließlich, »reparieren Sie dieses Teil noch?« Seine Antwort war mir eine Lektion fürs Leben. Er schaute erstaunt von seinem Arbeitsplatz am Boden auf, wo er den Ventilator fein säuberlich in seine Bestandteile zerlegt hatte, und fragte zurück: »Warum nicht?« Selten habe ich mich so dumm und überheblich gefühlt wie in diesem Moment.

Warum aber reparieren wir nicht auch viel mehr? Weil wir gelernt haben, dass es sich nicht auszahlt, noch in etwas zu investieren, das nicht mehr so funktioniert, wie wir uns das vorstellen? Weil wir in unserer Unzufriedenheit ständig einen Grund suchen, vor uns selbst zu rechtfertigen, dass wir schon wieder etwas Neues brauchen? Finanziell weniger gut gestellte Menschen haben meiner Erfahrung nach zu diesem Thema einen viel pragmatischeren Zugang. Was repariert werden kann, wird repariert. Und genutzt, solange es möglich ist. Und selbst die Reichen in Asien kaufen Repariertes.

Einmal hatte ich zu diesem Thema ein interessantes Gespräch mit dem Besitzer einer sehr kleinen Druckerei im indischen Kalkutta. Er war auf den Druck von Visitenkarten spezialisiert und benutzte dazu eine uralte Heidelberg Druckmaschine. Aufgefallen war er mir, weil ich im Vorbeigehen gesehen hatte, wie er mit unglaublicher Geduld jede einzelne Karte von Hand in die Maschine einlegte, um sie zu bedrucken. Da das Gerät in einem ausgezeichneten Zustand war, fragte ich ihn, warum er es denn nicht einfach einem Sammler verkaufe und sich mit dem sicher nicht zu knappen Erlös ein neueres, effizienteres Gerät zulege? Eine Option, über die er, wie er mir versicherte, auch schon nachgedacht hatte. Und doch kam sie für ihn deshalb nicht in Frage, weil seiner Meinung nach die Investition in eine neue Druckmaschine weit über die reinen Anschaffungskosten hinausginge. Denn auch wenn es mit der alten mechanischen Maschine ab und an Probleme gäbe, seien ihm diese nach so vielen Jahren bekannt und er könne sie ohne großen Aufwand beheben. »Du glaubst doch nicht wirklich«, meinte er dann, »dass ein neues Gerät keine Probleme macht! Der

Unterschied ist nur, dass ich diese erst finden muss und daher viel länger brauche, um sie zu beheben!«
Ich muss oft an seine Worte denken. Vor allem wenn es um die Frage geht, ob man beispielsweise vermeintlich schlechte Mitarbeiter durch neue ersetzen solle. Denn auch hier neigen viele Führungskräfte meiner Ansicht nach viel zu schnell dazu, jemanden »zu beseitigen«. Wäre es nicht viel sinnvoller, sich zu fragen, was man tun kann, damit der Betroffene bald wieder so arbeitet, wie man es sich wünscht? Denn auch wenn es so aussieht: Ein Neukauf, so habe ich in dieser Straße in Nha Trang gelernt, ist nicht immer die bessere Option.

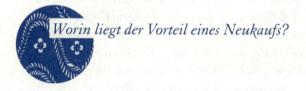
Worin liegt der Vorteil eines Neukaufs?

Schaue nicht zurück

Mit großer Wahrscheinlich gibt es in Asien die höchste Dichte an Transportunternehmen auf der ganzen Welt. So existieren auf vielen Strecken nicht nur zwei, sondern oft vier oder fünf konkurrierende Buslinien. Der Reisegast hat die Qual der Wahl, sich für eine davon zu entscheiden. Da Preise und Ausstattung in den meisten Fällen identisch sind, bleibt als einziges Kriterium die Frage nach der Fahrzeit. Diese wiederum hängt davon ab, ob die Strecke über schnelle, aber kostenpflichtige Mautstraßen oder über unbefestigte Landstraßen führt, wie viele Pausen unterwegs gemacht werden – und natürlich nicht zuletzt davon, wie die Chauffeure fahren. Da es natürlich einen Unterschied macht, ob man sieben oder zehn Stunden im Bus sitzt, versucht jeder Fahrgast, den schnellsten Anbieter zu finden.

So musste ich mich einmal zwischen einem sofort abfahrenden, aber langsamen Bus und einem schnellen entscheiden, der erst eineinhalb Stunden später eingesetzt werden sollte. Da ich keine Lust hatte, die Zeit auf dem Bahnhof zu vertun, entschied ich mich für den ersten. Eine Zeitlang war ich mit dieser Entscheidung recht glücklich und hatte den anderen Bus fast vergessen, als uns dieser nach etwa drei Stunden überholte. Sofort begann ich, mich über mich selbst zu ärgern. Selbstverständlich hatte ich mich wieder einmal falsch entschieden! Die

Passagiere aus dem anderen Bus würden lange vor mir am Zielort sein! Dabei hatte ich am Bahnhof darüber nachgedacht, dort aber den Zeitunterschied noch als relativ gering abgetan.

Ganz grundsätzlich haben Menschen, die sich zwischen zwei Möglichkeiten entscheiden müssen, am Ende meistens das Gefühl, falsch gewählt zu haben. Oder stehen Sie nicht auch immer in der längsten Kassenschlange?

Nun sitzt aber, wer meint, eine Entscheidung rückblickend beurteilen zu können, einem fatalen Denkfehler auf. Er übersieht nämlich, dass in diesem Fall alle anderen genauso hätten handeln müssen, wie sie es getan haben, während er sich als Einziger anders verhalten hätte. Was jedoch sehr unwahrscheinlich ist, weil wir unser Verhalten meist an dem unserer Mitmenschen ausrichten.

Sie können sich das vorstellen, als spielten Sie gegen den Weltmeister Schach. Sie verlieren das Spiel, schließlich ist Ihr Gegner Weltmeister. Doch nach der Partie analysieren Sie die einzelnen Züge und entdecken Ihren Fehler: Beim 16. Zug sind Sie mit der Dame ein Feld zu weit gezogen! Es hätte gereicht, die Figur auf E4 zu stellen, und Sie hätten den Weltmeister besiegt! Im Nachhinein ist man eben immer klüger. Wäre aber der Sieg denn tatsächlich so einfach zu erringen gewesen? Denken Sie nicht, dass der Weltmeister auf Ihren Zug reagiert und entsprechend anders weitergespielt hätte?

So verhält es sich aber überall, wo wir im Rückblick bedauern, eine Wahl nicht anders getroffen zu haben. In Wirklichkeit hat jede Ihrer Entscheidungen Konsequenzen in Ihrem Umfeld. Wenn Sie sich anders verhalten, tun es die anderen auch. Bevor Sie das nächste Mal eine vermeintliche Fehlentscheidung beweinen, sollten Sie etwas anderes bedenken: Wer sagt Ihnen, dass der andere Weg Sie nicht geradewegs in die Hölle geführt hätte?

So endete übrigens auch die Geschichte mit dem Autobus. Wir waren ein paar Stunden in gemäßigtem Tempo weitergefahren, als sich unsere Geschwindigkeit wegen eines Staus verlangsamte. Ein Blick aus dem Fenster sagte mir sofort, was Sache war: Der schnellere Bus, der uns so aggressiv überholt hatte, lag in einem Graben, und Rettungskräfte waren gerade damit beschäftigt, die Passagiere zu befreien. Ob es Verletzte oder sogar Tote gegeben hat, weiß ich nicht. Gelernt habe ich aber, dass ich wahrscheinlich viel öfter richtig entscheide, als ich hinterher denke.

Wann war eine Entscheidung die richtige?

Akzeptiere die Wirklichkeit

Obwohl in vielen Ländern Asiens bereits auf den Besitz einer geringen Menge an Drogen die Todesstrafe steht, gibt es immer wieder Touristen, die der Versuchung erliegen, mit dem Drogentransport vermeintlich leichtes Geld zu verdienen. Doch angesichts des enormen Risikos, das so eine Aktion mit sich bringt, gab und gibt es wiederholt Diskussionen darüber, warum Reisende sich als Drogenkuriere missbrauchen lassen.

Meiner Meinung nach liegt es daran, dass die meisten von ihnen die tatsächliche Gefahr nicht wahrhaben wollen. Wer etwas derart Riskantes unternehmen möchte, der beruhigt sich vorher gerne mit irgendwelchen Statistiken, die zeigen, dass es extrem unwahrscheinlich ist, erwischt zu werden, und vielleicht lacht er sogar über die dummen Fehler, die zur Festnahme seiner Vorgänger geführt haben – natürlich überzeugt, diese selbst nicht zu machen. Ganz nach dem Motto: »Was nicht sein soll, das darf auch nicht sein«, lügen sich diese Menschen die Wahrheit auf eine gefährliche Art zurecht. Ein Verhalten, mit dem die Drogenkuriere aber keineswegs alleine sind.

Jeder, der einmal in Thailand war, weiß, dass Ausländer dort von den Einheimischen als »Falangs« bezeichnet werden. Ein Ausdruck, über dessen Übersetzung ich schon die erstaunlichsten Theorien gehört habe. Von »Weißer« bis »Langnase« war mittlerweile alles dabei, was europäischen Gästen irgendwie zur Ehre gereichen könnte. Einzig die wahre Bedeutung scheint niemand kennen zu wollen. Ein »Falang« ist nämlich das genaue Gegenteil dessen, was die meisten annehmen möchten. Es versteckt sich darin keinesfalls Ehrerbietung oder Erstaunen über große Nasen, sondern vielmehr ein Schimpfwort, das sich aus der Verballhornung des Wortes »Faranc«, also Franzose, ableitet. Diese wiederum sind genauso wie die Briten bis heute Symbol für die verhassten weißen Besatzer der Kolonialzeit.

Da diese Wahrheit aber nicht in das Bild passt, das die Touristen nun einmal von den vorgeblich ausländerliebenden Thais haben, wird sie einfach passend umgedichtet. Und schon wird aus Ablehnung vermeintlicher Respekt.

Das Gefährliche an dieser Einstellung ist, dass sich Reisende dadurch auch in Gegenden für willkommen halten, in denen sie es keineswegs sind. Eine Ignoranz, für die leider so mancher Tourist schon mit dem Leben bezahlt hat.

Es scheint in unseren Köpfen einen Mechanismus zu geben, der verhindert, dass wir uns Dingen stellen, vor denen wir Angst haben. Stößt jemandem ein Unglück zu, vor dem wir uns alle fürchten, finden die meisten sofort Gründe dafür, warum dieses Schicksal ausgerechnet der betroffenen Person widerfahren *musste*.

Kommt beispielsweise ein Tourist in einem asiatischen Land bei einem Taifun ums Leben, greifen sich viele, die in derselben Region ihren Urlaub planen, verwundert an den Kopf. Niemals würden sie in dieser Jahreszeit dort hinfahren! Dass Stürme jederzeit und durchaus auch unvorhergesehen auftreten können, passt nicht in ihr

Konzept und wird daher ausgeblendet. Hauptsache, sie verlieren nicht die Illusion, allzeit die Kontrolle zu behalten! Doch selbst wenn der im Tsunami umgekommene Reisende tatsächlich eine ungünstige Jahreszeit erwischt hat, trägt er keine irgendwie geartete Schuld.

Was das mit den eingangs erwähnten Drogenkurieren zu tun hat? Auch hier gibt es durchaus Fälle, in denen ahnungslosen Reisenden Drogen untergeschoben wurden. Woher das Rauschgift, das der Zöllner im Koffer findet, tatsächlich stammt, bleibt dann das Geheimnis der Eingeweihten. Ein Richter in Singapur hat das einmal mit folgenden Worten auf den Punkt gebracht: »Es gibt keinen Grund zur Annahme, dass der Angeklagte gewusst hat, dass er Drogen transportiert. Und es gibt auch keinen Hinweis darauf, dass er es hätte wissen können. Aber er hätte es wissen müssen.«

Obwohl natürlich nicht alle Angeklagten wie Iwuchukwu Amara Tochi, dessen Fall auch im deutschsprachigen Raum durch die Presse ging, am Ende hingerichtet werden, haben gerade in der letzten Zeit immer wieder Reisende teilweise Jahre in Singapur im Gefängnis verbracht. Vieles spricht dafür, dass auch Unschuldige darunter waren. Dennoch wage ich zu behaupten, dass wohl die meisten von uns instinktiv annehmen, die Beschuldigten hätten zumindest irgendetwas dazu beigetragen, dass sie verdächtigt wurden. Nur weil man ihnen nichts beweisen kann, bedeutet es ja noch lange nicht, dass sie auch tatsächlich unschuldig sind.

Warum aber ergreifen wir in dieser Weise Partei? Die Behauptung schützt uns vor der Erkenntnis, dass es Ungerechtigkeiten gibt. Dass es tatsächlich zu Übergriffen von Seiten der Behörden kommt. Und dass diese auch jeden von uns treffen können. Nicht nur auf Reisen aber sollten wir lernen, die Wirklichkeit zu akzeptieren. Denn nur einer Gefahr, die man sieht, kann man aus dem Weg gehen.

Warum könnten Sie niemals mit Drogen erwischt werden?

Vermeide Selbstbestrafung

Wer einmal mit mir unterwegs war, weiß, dass ich aus einer gewissen Bequemlichkeit heraus ein sehr loyaler Mensch bin. Habe ich einmal ein Hotel, ein Lokal oder sonst etwas gefunden, das mir gefällt, so kehre ich auch nach vielen Jahren noch dorthin zurück. So hatte ich auch in einem Ort in Vietnam, an dem ich viel Zeit verbrachte, ein Lieblingslokal, in dem ich jeden Tag zumindest zweimal zu Gast war. Das Essen war gut und günstig, das Angebot an fleischlosen Speisen enorm und der Besitzer, der meist auch selbst servierte, ausnehmend freundlich.

Eines Abends war jedoch alles anders. Das ansonsten zu meinen Essenszeiten meist leere Lokal war plötzlich voll, das Personal überfordert, mies gelaunt und nicht in der Lage, innerhalb von zwanzig Minuten meine Bestellung aufzunehmen. Ich hoffte, der Inhaber würde mich als seinen täglichen Gast erkennen und mich bevorzugt bedienen. Doch der lag mitten im Restaurant bequem in einem Liegestuhl und starrte gebannt auf den Fernseher, wo gerade ein Fußballmatch lief. Schließlich stand ich hungrig und verärgert auf und verließ das Lokal so demonstrativ, dass der Besitzer mich und meinen Unmut bemerken musste. Nie mehr wieder, so beschloss ich in diesem Moment, würde ich hier essen. Ich dachte bei mir, dass er dann eben auf mich verzichten müsse.

Doch mein Vorhaben in die Tat umzusetzen gestaltete sich schwieriger, als ich es erwartet hatte. Auf dem Weg zum Frühstück schlenderte ich zwar noch stolz erhobenen Hauptes an dem wie meist leeren Restaurant vorbei.

Als es aber dann darum ging, woanders etwas zu essen zu finden, fing ich an, meinen Entschluss zu bedauern. Schließlich hatte meine Treue zu dem nun geschmähten Lokal ja einen Grund gehabt. Ich blieb aber zunächst standhaft und aß überteuertes, schlechtes Essen in Restaurants, in denen ich gar nicht sein wollte. Aber Strafe musste sein.

Zwei Tage lang hielt ich das Bestrafungsritual eisern durch, bis ich irgendwann begann, mich zu fragen, wen ich hier eigentlich bestrafte. Sicher, dem Besitzer entging Geld. Aber das war auch der Fall, wenn ich gar nicht im Land war. Der eigentlich Leidtragende, so erkannte ich plötzlich, war kein anderer als ich selbst. Aber wieso eigentlich sollte ich auf gutes Essen verzichten, nur weil ein anderer nicht in der Lage war, sich zu benehmen?

Umgehend kehrte ich in das geschmähte Lokal zurück, wo sich sowohl der Inhaber als auch seine Frau für ihr Verhalten entschuldigten, und war von da an wieder mindestens zweimal am Tag dort zu Gast.

Gelernt habe ich daraus, dass unser Denken aussetzt, wenn wir uns schlecht behandelt fühlen. Dann nämlich überwiegt in uns die Idee, dass jemand anders für sein schlechtes Benehmen zahlen sollte, und verhindert die Einsicht, dass wir uns mit unserem trotzigen Verhalten selbst den meisten Schaden zufügen.

Sie fragen, wie Sie in so einem Fall am besten vorgehen sollten?

Lassen Sie einfach Ihren Zorn verrauchen und tun Sie nicht das, was vielleicht für den anderen am schlechtesten ist, sondern das, was für Sie selbst am besten ist. Selbst dann, wenn es Ihrem Gegner nützt.

Wann ist Strafe wichtig genug, dass man für sie auch einen eigenen Schaden in Kauf nehmen sollte?

BESIEGE DEN GEGNER MIT SEINEN WAFFEN

Als ich vor vielen Jahren das erste Mal Indien bereiste, machte ich dort eine unangenehme Erfahrung. Da ich schon aufgrund meines Aussehens offensichtlich als Ausländer erkennbar war, vermuteten die Einheimischen bei mir ungeheuren Reichtum. Auch wenn das keineswegs den Tatsachen entsprach, wollte man so viel Geld aus mir herausholen wie irgend möglich. Einen der beliebtesten Tricks nannte ich dabei das »Taxispiel«. Dieses funktionierte folgendermaßen: Wann immer ich jemanden nach dem Weg zu einem Hotel, einer Sehenswürdigkeit oder sonst etwas fragte, griff sich mein Gegenüber besorgt an den Kopf. Das Ziel, so bekam ich umgehend zu hören, sei viel zu weit entfernt, um es zu Fuß zu erreichen. Ich müsse unbedingt ein Taxi nehmen. Da trotz langer Diskussion weder der Befragte noch irgendeiner der mittlerweile umherstehenden Schaulustigen bereit war, mir zu erklären, wie ich auf dem Fußweg an mein Ziel gelangen konnte, stimmte ich notgedrungen der Taxifahrt zu. Umgehend rief jemand ein Fahrzeug, vereinbarte mit dem Fahrer für mich einen Preis – und für sich eine Kommission –, und die Fahrt ging los. Als das Taxi nach zwei, spätestens drei Häuserblocks das Ziel erreicht hatte, zahlte ich verärgert den für die kurze Strecke viel zu hohen, jedoch fest vereinbarten Preis.

Nach einiger Zeit wurde mir das Spiel zu dumm und auch zu teuer. Daher beschloss ich, die Inder mit ihren eigenen Waffen zu schlagen. Ein »Gegenmärchen« musste her, das erklärte, warum ich unter keinen Umständen in ein Taxi steigen würde.

Als das nächste Mal jemand auf meine Frage nach dem Weg vorschlug, die Strecke doch mit dem Taxi zu fahren, war ich es, der sich besorgt an den Kopf griff. Ich sei, so entgegnete ich würdevoll, seit einem Jahr auf einer »heiligen Wanderung« und hätte dafür den Schwur abgelegt, unter keinen Umständen ein Fahrzeug zu benutzen. Schon die Verwendung des Wortes »heilig« änderte die Situation schlagartig. Jene Einheimischen, die mich gerade noch als leichtes Opfer gesehen hatten, überboten sich plötzlich an Unterwürfigkeit. Sie begleiteten mich zu meinem Ziel, trugen mein Gepäck und wollten jedes Detail über meinen erfundenen Fußmarsch wissen. Und: Von einem Taxi war keine Rede mehr.

Ich habe daraus eines gelernt: Wer einen Gegner schnell und effektiv außer Gefecht setzen möchte, der muss ihn mit seinen eigenen Waffen schlagen. Interessanterweise halten sich nämlich die meisten Menschen für so schlau, dass sie denken, niemand anders käme auf ihre Ideen. Das führt wiederum dazu, dass sie ihre eigenen Waffen nicht einmal dann erkennen, wenn ein anderer diese gegen sie richtet.

Eines der besten Beispiele für die Anwendung dieser Technik lieferten die Vietnamesen im Kampf gegen die Amerikaner. Nachdem Letztere im Bereich Cu Chi eine mehrere hundert Kilometer lange Tunnelanlage entdeckt hatten, in welcher sich die vietnamesischen Kämpfer unentdeckt fortbewegen konnten, beschlossen sie, die

Anlage zu zerstören. Da das aber aufgrund der Tiefe, in der die Tunnel vorausschauend angelegt waren, mit Bomben nicht funktionierte, sollten die feindlichen Kämpfer von Hunden aufgespürt und nachher unschädlich gemacht werden. Doch hatten die Amerikaner die Rechnung ohne die Vietnamesen gemacht. Diese überlegten, woran ein Hund wohl unterscheiden könne, ob es sich um einen befreundeten amerikanischen oder aber um einen feindlichen vietnamesischen Soldaten handle. Und sie erkannten, dass die Waffe der Amerikaner gegen ihre Hunde ihr Geruch war. Wer amerikanisch roch, so die offensichtliche Logik der Vierbeiner, war ein Freund und daher in Ruhe zu lassen. Von da an trugen die Kämpfer Ho Chi Minhs erbeutete amerikanische Uniformen und wuschen sich mit amerikanischer Seife. Nachdem eine große Zahl gut ausgebildeter, plötzlich gegenüber Vietnamesen erstaunlich zutraulicher Hunde von ihren vermeintlichen Besitzern getötet worden war, mussten die GIs wieder einmal einsehen, dass sie mit ihrer Strategie gescheitert waren.

Egal, wie primitiv Ihnen die Waffen Ihrer Gegner vorkommen mögen, zählen sie doch zum effizientesten, was Ihnen gegen Ihre Widersacher zur Verfügung steht. Analysieren Sie sie, verwenden Sie sie und achten Sie gut darauf, nicht im selben Augenblick mit den eigenen Waffen geschlagen zu werden.

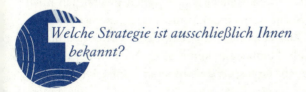

Welche Strategie ist ausschließlich Ihnen bekannt?

七十二

Verstehe Anziehung

Fragt man jemanden, der noch nie in Asien war, nach seinen Vorstellungen über diesen Kontinent, so bekommt man fast immer die gleiche Antwort. Riesige Städte soll es dort geben, unglaublich viele Menschen und überall auf den Straßen eine Unmenge an Müll. Eine Vorstellung, die ebenso klischeehaft ist wie teilweise falsch. Große Ballungsgebiete gibt es überall auf der Welt, wer möchte, kann stundenlang durch China fahren, ohne einem einzigen Menschen zu begegnen, und vom Schmutz in Bangkok handelt die folgende Geschichte.

Ich muss an dieser Stelle zugeben, dass mir das Leben in Asien im Laufe der Jahre dermaßen selbstverständlich geworden ist, dass ich bis vor kurzem gar nicht mehr hätte sagen können, wie schmutzig oder sauber es dort ist. Offensichtlich hört man mit der Zeit auf, überhaupt auf so etwas zu achten, und nimmt das, was einem lieb und teuer ist, einfach wie es ist.

Einmal hatte ich mir in Bangkok auf einem Spaziergang ein Eis gekauft. Als ich es fertig gegessen hatte, wollte ich den leeren Becher entsorgen. Folglich machte ich mich auf die Suche nach einem Mülleimer, musste jedoch nach einiger Zeit erstaunt feststellen, dass es offensichtlich in Thailands Hauptstadt keine gibt. Nach kurzer Suche folgerte ich daraus, dass wohl jeder seinen Müll einfach irgendwo fallen ließ, zumindest sah ich keine andere

Möglichkeit. Ich schloss mich also kurzerhand an und entsorgte meinen Müll einfach auf die Straße. Doch zu meiner Verwunderung war es der einzige Abfall am Straßenrand. Sowohl Gehsteige als auch Fahrbahn waren dermaßen sauber, dass ich mich richtig schlecht fühlte und meinen Pappbecher wieder aufhob. Sicher zehn Minuten lang trug ich den Pappbecher mit mir herum, bis ich endlich an eine Stelle kam, an der schon andere etwas weggeworfen hatten. Als ich meinen Müll erleichtert dazulegte, fragte ich mich, worin eigentlich der Unterschied zwischen dieser und allen anderen Stellen bestand. Warum hatte ich sonst überall Skrupel gehabt, den Becher wegzuwerfen, legte ihn aber hier ohne irgendwelche Bedenken dazu? Es war der Moment, in dem ich zum ersten Mal verstand, was das Gesetz der Anziehung wirklich besagt. Als Martin Luther den Satz »Wo Tauben sind, fliegen Tauben zu« prägte, beschrieb er es bereits sehr treffend: Wo Müll liegt, da wirft man Müll dazu.

Nutzen Sie diese Erkenntnis, und achten Sie penibel darauf, welches Umfeld Sie sich schaffen. Seien Sie sich stets bewusst, was Sie damit anziehen! Denn Menschen neigen viel eher dazu, etwas ganz zu zerstören, wenn es schon ein bisschen kaputt ist, als etwas Neuwertiges schlecht zu behandeln. Und vergessen Sie nicht, auch den Müll aus Ihrem Kopf zu entsorgen. Andernfalls könnte es nämlich sein, dass andere den ihren dazu abladen.

Was laden andere Menschen bevorzugt bei Ihnen ab? Warum?

七十三

Beende das Urteilen

Eigentlich sollte es im buddhistisch geprägten Asien niemanden verwundern, dass ich Vegetarier bin. Doch gerade in China, wo man aus einem Gericht gerne nur das Fleisch mit den Stäbchen herauspickt und das Gemüse stehen lässt, ruft mein Verhalten immer wieder ungläubiges Erstaunen hervor. Dennoch hatte ich noch nie das Gefühl, ein Koch habe sich bei der Zubereitung meiner Speisen weniger Mühe gegeben, als wenn ich ein Fleischgericht bestellt hätte. Obwohl sich mit Sicherheit so mancher gefragt hat, wie man so etwas Langweiliges wohl essen kann, haben es alle äußerlich ungerührt und ohne über meinen Geschmack zu urteilen, gekocht. Ganz allgemein, so kommt mir vor, wird in den asiatischen Ländern, durch die ich wohl nicht zuletzt gerade deshalb so gerne reise, weniger geurteilt. Aber wie kann das sein?

Ein Schüler, so erzählt man sich in China, wandte sich einmal nach vielen Jahren der Meditation enttäuscht an seinen Meister und sagte: »Ich folge nun schon so lange allen Lehren, die Ihr mir erteilt. Ich mache meine Übungen und halte mich an alle von Euch aufgestellten Lebensregeln. Auch wenn sich dadurch vieles in mir verändert hat, die Erleuchtung habe ich dennoch nicht erlangt. Sind denn all die Dinge, die Ihr uns vorschreibt, wirklich notwendig für das Erlangen der Erleuchtung?« Der Meister antwortete: »Viele Menschen finden in diesen

Ritualen Halt. Aber wirklich nötig für die Erleuchtung sind sie nicht.« Daraufhin fragte der Schüler: »Aber wie kann ich dann Erleuchtung erlangen?« Der Meister lächelte und sagte: »Versuche, einen Tag lang nicht zu urteilen. Ich denke, das reicht, um die vollkommene Einheit wieder zu erfahren.«

Urteilen. Nichts trennt uns nach buddhistischer Auffassung mehr von unseren wahren Möglichkeiten als dieses Verhalten. Haben Sie sich schon einmal überlegt, wie oft Sie an einem einzigen Tag Urteile fällen? Das beginnt schon bei der Idee, dass es so etwas geben könnte wie Gut und Böse. Ein verlockender Gedanke, der aber allein in unserem Kopf entsteht und kein Konzept der Natur ist. Oder meinen Sie tatsächlich, dass ein Tiger, der seine Beute tötet, ein böser Mörder ist? Wohl kaum. Er handelt vielmehr einfach so, wie es seine Natur ihm befiehlt.

Zu urteilen bedeutet einzuteilen. Es bedeutet, dass wir etwas annehmen oder ablehnen. Suchen wir etwas Helles, so urteilen wir damit das Dunkle allein dadurch ab, dass wir es als solches bezeichnen. »Ich habe doch gesagt, dass ich nichts Dunkles will! Das sieht ja ganz furchtbar aus!«, hört man dann. Genauso, wie wir ständig zu viel oder zu wenig Zeit haben, aber nie einfach nur Zeit.

Warum fällt es uns so schwer, die Dinge einfach zu nehmen, wie sie sind? Weshalb haben wir auch dort das Gefühl, einen Sachverhalt bewerten zu müssen, wo unsere Meinung in Wirklichkeit gar nicht gefragt ist?

Vielleicht haben uns manche Asiaten in diesem Punkt etwas voraus. An vielen von ihnen, die ich im Laufe der Jahre getroffen habe, habe ich bewundert, dass sie nicht urteilen. Unser Sprichwort »Möge jeder auf seine Art glücklich werden« ist dort gelebte Wirklichkeit. Für mich beginnt das damit, dass die Menschen, denen ich in Asien begegnet bin, nicht ständig besser wissen, was für einen anderen das Richtige ist. Niemand geht dort davon aus, dass auch für alle anderen gut ist, was der Einzelne für sich selbst als gut empfindet. Keiner ist beleidigt, wenn man seine Ratschläge nicht befolgt. So urteilt auch ein Koch nicht über meinen Wunsch, fleischlos zu essen. Wie ein guter Verkäufer, der sich ganz auf seinen Kunden einlässt und sich dabei selbst völlig zurücknimmt, tut er vielmehr sein Möglichstes, damit es mir so gut schmeckt, dass ich bald wieder komme. Worin aber sollte auch der Sinn liegen, eine Mahlzeit zu bewerten, die dann ohnehin ein anderer isst? Über Geschmack lässt sich bekanntlich nicht einmal in Europa streiten ...

Kann es so etwas wie eine »schlechte Zeit« wirklich geben?

Schone deine Ressourcen

Immer wieder werde ich gefragt, was ich denn davon hielte, ab und an so richtig an die eigenen Grenzen zu gehen. Gerade in der heutigen Zeit gelte doch schnell als faul, wer sich nicht permanent am Rande des Zusammenbruchs bewege, wer nicht leiste, obwohl er noch leisten könne. Selbst mancher Chef hat beim Anblick von Mitarbeitern, die mit ihrer Kraft am Ende sind, offenbar das irrige Gefühl, er bekäme auf diese Weise besonders viel Leistung für sein Geld.

Nun habe ich als Reisender zu diesem Thema eine ganz klare Meinung. In den vielen Jahren, die ich in Asien unterwegs war, gab es immer eine Regel: »Gehe niemals so weit an deine Grenzen, dass du nicht im Notfall noch eine Nacht durchmachen und danach noch sinnvolle Entscheidungen treffen kannst.« Alles andere wäre für einen Reisenden, der niemals weiß, was der nächste Tag, ja die nächste Stunde bringen wird, verrückt und unter Umständen sogar lebensgefährlich. Und so habe ich meine körperlichen und auch psychischen Leistungsgrenzen immer genau gekannt und mich diesen freiwillig nicht einmal genähert. Mir war klar, dass ich immer in der Lage sein musste, unter allen Umständen vernünftige und richtige Entscheidungen zu treffen. Ich musste beispielsweise wach bleiben, um auf meine Sachen und auf meine Mitreisenden zu achten oder um auf Provokationen besonnen zu reagieren. Niemals, aber auch wirklich niemals durfte ich mich in die Lage bringen, dass mir dies nicht mehr möglich gewesen wäre.

Der Zeitgeist ist ein anderer: Selbst wenn viele der Meinung sind, Menschen seien von Grund auf faul und gingen Arbeit möglichst aus dem Weg, ist tatsächlich das Gegenteil der Fall. Anders wäre gar nicht zu erklären, dass die meisten nicht am Nichtstun, sondern an Burnout erkranken. Meiner Meinung nach hat dieses selbstzerstörerische Verhalten zwei Ursachen. Zum einen sind die meisten Menschen einfach nicht mehr in der Lage, ihre eigenen Grenzen wahrzunehmen. Das hat seinen Grund wohl in der weitverbreiteten »Nimm dich nur mal selbst nicht zu wichtig«-Erziehung. Zum Zweiten ist jeder von uns auf der Suche nach Lob und Zuwendung. Und diese bekommt man nun einmal leichter, wenn man schuftet bis zum Umfallen, als wenn man noch so vorbildlich auf sich selbst schaut.

Wenn Sie länger Freude an Ihren Mitarbeitern haben wollen, dann müssen Sie aktiv einfordern, dass diese ihre Ressourcen schonen. Denn wie heißt es in China so schön? Man soll den Fischteich nicht leer fischen. Nicht etwa, weil man dann keinen guten Fang macht. Sondern weil es im nächsten Jahr keine Fische mehr gibt.

Woran erkennen Sie, dass Sie dabei sind, Ihre Grenzen zu erreichen, und was tun Sie dagegen?

七十五

Akzeptiere Fehlschläge

Als Reisender lebt man dafür, Neues zu entdecken. Hat man in einem Land einmal die großen, weltbekannten touristischen Sehenswürdigkeiten besucht, beginnt das eigentliche Vergnügen. Man beginnt zu recherchieren, wohin es sich zusätzlich lohnen könnte zu fahren. Also befragt man die Touristeninformation oder den Reiseführer, was man denn noch unbedingt gesehen haben muss. Da gibt es dann zum Beispiel diesen Tempel, der einmal zu den bedeutendsten und schönsten der Gegend gezählt hat, dessen Ornamente vor der Zerstörung durch das Nachbarvolk Reisende aus vielen Ländern anlockten und der bis heute als Geheimtipp gilt. Keinesfalls, so wird einem von allen Seiten bestätigt, dürfe man den Besuch dieses Bauwerkes versäumen. Die Verheißungen sind so groß, dass selbst der sonst nicht übermäßig an Tempeln Interessierte die Tour bucht und die beschwerliche fünfstündige Anreise auf sich nimmt. Am Ziel angekommen, folgt dann die Ernüchterung. Von dem einst so prächtigen Bauwerk ist nur noch ein Haufen Steine übrig geblieben, deren Besichtigungsvergnügen durch den hohen Eintrittspreis weiter getrübt wird. Enttäuschung und Wut machen sich breit. Wenn man das nur gewusst hätte! Was man sich in dieser Zeit sonst alles hätte anschauen können! Vermeintlich vermeidbare Fehlschläge wie diese gehören zum Leben eines Reisenden wie das Nächtigen im Hotel und das Essen im Restaurant. Mit schöner Regelmäßigkeit stellen sich von Reiseführer und anderen Reisenden übermäßig gelobte Sehenswürdigkeiten im Nachhinein als Flop heraus. Darüber muss man nicht diskutieren. Aber ist es überhaupt möglich, solche Enttäuschungen zu vermeiden?

Ich bin in meinem Leben an viele Orte gefahren, auf deren Besuch ich hätte verzichten können. Ich hätte nichts versäumt, da bin ich mir sicher. Aber wäre mein Weg dorthin deswegen tatsächlich vermeidbar gewesen? Ich sage in solchen Situationen immer wieder zu meinen Mitreisenden: »Manchmal muss man allein deshalb an einem Ort gewesen sein, um zu sehen, dass es dort nichts zu sehen gibt.«

Natürlich wollen wir alle Fehlschläge vermeiden. Aber was ist die Alternative? Wollen wir nur noch die ausgetretenen, bewährten Pfade gehen und uns auf nichts mehr Neues einlassen? Wollen wir ausschließlich tun, was wir schon immer getan haben, nur um die Gefahr einer Enttäuschung zu vermeiden? So lieb es vielen auch wäre: Das Leben ist nicht berechenbar. Man muss die Dinge ausprobieren, um sicher zu wissen, ob sie für einen selbst funktionieren. Ob im Geschäftsleben oder auf Reisen: Natürlich kostet jeder Fehlschlag Geld und Zeit. Aber ich finde diesen Preis immer noch niedrig im Verhältnis zu dem Gedanken, ich müsste mit dem Gefühl leben, ich hätte etwas versäumt.

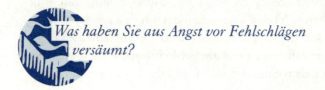

Was haben Sie aus Angst vor Fehlschlägen versäumt?

七十六

Sei aufmerksam

Wer so wie ich manchmal monatelang unterwegs ist, hat natürlich nicht für jeden Tag etwas Frisches zum Anziehen bei sich. Zumindest in Asien ist das aber auch nicht nötig, da es in vielen Ländern Waschdienste in großer Zahl und zu günstigen Preisen gibt. Meist ist die schon öfter erwähnte Hotelrezeption der richtige Ansprechpartner, denn dort nimmt man gegen Gebühr gerne die Schmutzwäsche des Gastes entgegen, bringt sie zur Wäscherei und holt sie auch wieder ab. Ich für meinen Teil wasche meine Kleidung normalerweise selbst, da ich unterwegs das Geld lieber für etwas anderes ausgebe. Aber wenn ich in einer Stadt länger bleibe, nehme ich gerne zwischendurch die Dienste einer Wäscherei in Anspruch. Als ich eines Tages schmutzige Kleidung gesammelt hatte, die ich waschen lassen wollte, beschloss ich, den Mann an der Rezeption zu fragen, wo ich am besten eine finden könne. Doch noch bevor ich zu meiner Frage angesetzt hatte, meinte der junge Mann: »You have laundry? – Hast du Schmutzwäsche?«

Ich war sprachlos angesichts seiner Aufmerksamkeit. Schließlich hatte ich die Sachen in einem undurchsichtigen Sack in der Hand getragen, damit sie eben nicht für jeden sofort zu erkennen waren. Ehrlich beeindruckt, erteilte ich ihm den Auftrag, die Sachen für mich zur Reinigung zu bringen.

Nach meiner Rückkehr erzählte ich Freunden davon, und sie fragten, ob ich mich denn nicht über diese Aufdringlichkeit geärgert habe. Schließlich hätten sie sich durch sein Verhalten irgendwie genötigt gefühlt, die Wäsche gegen einen Aufpreis an der Rezeption abzugeben, statt selbst zur Wäscherei zu gehen. Tatsächlich allerdings war das Gegenteil der Fall. Statt mich zu ärgern, hatte ich das erstaunliche Gefühl, hier interessiere sich jemand wirklich für mich und meine Bedürfnisse.

Ich erinnere mich noch gut, dass ich damals verwundert dachte: »Da schaut doch jemand tatsächlich genau hin, ob ich nicht eine von ihm angebotene Leistung brauchen könnte!« Selten hat man mir derart elegant eine Dienstleistung verkauft, dass ich am Ende auch deshalb auf den Vorschlag einging, um dem Mann zu zeigen, dass ich seinen Einsatz zu schätzen wusste.

Ist man, warum auch immer, überzeugt, die anderen Menschen liefen mit Scheuklappen herum, entwickelt das Gefühl, dass sich jemand für einen interessiert, eine enorme Wucht, die man nicht unterschätzen sollte.

Das gelingt nicht jedem. Wer kein ehrliches Interesse am Kunden aufbringen kann, sollte es nicht vorspielen, denn das würde bemerkt. Ehrliche Aufmerksamkeit und ein wirkliches Interesse werden sich am Ende jedoch bezahlt machen. Ich selbst war schließlich von einer simplen Frage an einer Hotelrezeption so beeindruckt, dass ich sogar hier darüber schreibe. Gerne gebe ich Ihnen auf Nachfrage die Adresse des betreffenden Hotels …

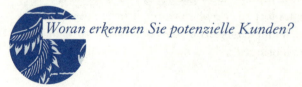

Woran erkennen Sie potenzielle Kunden?

七十七

Umgehe Konfrontation

Gerade in kleinen Orten ist es in Asien nicht immer ganz leicht, eine Fahrkarte für überregionale Autobusse zu bekommen. Das hat auch damit zu tun, dass sich die Busbahnhöfe manchmal viele Kilometer außerhalb der eigentlichen Ortschaft befinden. Dann muss man erst einmal dorthin fahren – nur um ernüchtert festzustellen, dass der betreffende Schalter gerade geschlossen ist. Als ich einmal ein Ticket von Laos nach Vietnam benötigte, nahm ich daher gerne das Angebot eines freundlichen Laoten an, es für mich zu besorgen. Da er keine Vorauszahlung wollte, sondern im Gegenteil bereit war, das Geld für mich auszulegen, vertraute ich ihm, und wir vereinbarten einen Treffpunkt, zu dem er die Fahrkarte bringen wollte. Nachdem ich diese jedoch entgegengenommen und bezahlt hatte, stellte ich fest, dass der von meinem Boten geforderte Betrag um einiges höher war als der auf dem Ticket aufgedruckte. Es folgten Erklärungen, wie es zu dem Preisunterschied gekommen sei, die mich aber allesamt nicht interessierten. Ich wollte einfach mein Geld zurück. Doch erst als ich meinen Ton verschärfte, lenkte der Mann ein. Er könne mir den zu viel gezahlten Betrag zwar nicht wiedergeben, da er ihn selbst weiterleiten müsse, auch er selbst sei wohl offensichtlich betrogen worden. Aber er könne mir dafür ein anderes Angebot machen. Da ich am nächsten Morgen ja ohnehin zum Busbahnhof müsse, werde er mich um fünf Uhr mit dem Motorroller vom Hotel abholen und hinbringen.

Auch wenn ich es eigentlich nach so vielen Jahren in Asien hätte besser wissen müssen, war ich der Meinung, auf diese Weise das zu viel gezahlte Geld zurückzubekommen, schließlich sparte ich mir tatsächlich die Taxikosten. Mit einem kleinen Triumphgefühl willigte ich ein. Die Überraschung, die eigentlich keine war: In der Früh wartete ich vor meiner Unterkunft wie vereinbart auf meine Mitfahrgelegenheit. Doch es kam niemand. Natürlich redete ich mir erst noch ein, mein Chauffeur habe sich aus irgendeinem unerfindlichen Grund verspätet. Nach einer Viertelstunde vergeblichen Wartens aber wurde die Zeit knapp, und wenn ich den Bus an der Haltestelle noch erreichen wollte, musste ich los. Daher machte ich mich verzweifelt auf die Suche nach einem Taxi, doch das war, wie ich eigentlich gut wusste, um diese Uhrzeit ziemlich schwierig zu bekommen. Ich habe auf diese Weise nicht nur auf den geringen Geldbetrag verzichten müssen, sondern mir einen stressigen Morgen eingehandelt.

Wenn es eine Verhaltensweise mancher Asiaten gibt, die viele Menschen in den Wahnsinn treibt, dann ist das die Tatsache, dass sie Konfrontation grundsätzlich aus dem Weg gehen. Ein Asiate gibt einem ein einziges Mal zu verstehen, dass er etwas nicht machen möchte. Merkt er jedoch, dass sein Gesprächspartner das nicht akzeptiert, so weicht er scheinbar zurück. Er stimmt zu und verspricht seinem Gegenüber alles, was dieser hören möchte.

Das hätte ich nach all den Jahren wissen müssen. Viele Asiaten, so habe ich immer wieder festgestellt, halten die

Idee, über eine Sache zu diskutieren, deren Ausgang von vornherein feststeht, nämlich für reine Zeitverschwendung. Und wer das wie ich an jenem Tag in Laos nicht wahrhaben möchte, der verliert zusätzlich zu seinem Geld eben noch eine Menge Zeit und Energie.

Warum diskutieren Sie im Supermarkt nicht an der Kasse über die Preise?

七十八

Teile, statt zu verzichten

Als es vor Jahren in Asien Mode wurde, ausländische Reisende zu beherbergen, nahmen viele diese Chance wahr. Unter dem Motto »Platz ist in der kleinsten Hütte« verwandelten sie einen Großteil ihres Wohneigentums in eine Unterkunft für Touristen. Wer braucht denn ernsthaft ein Wohnzimmer, wenn man es gegen gutes Geld vermieten kann? Auch wenn die wenigsten wirklich dadurch reich wurden, gelang es vielen Familien, davon etwa ein kleines Guesthouse mit drei oder vier Zimmern zu finanzieren, das ihnen heute das Überleben ermöglicht. Als ich einmal mit einer Gruppe unterwegs war, es ist schon einige Jahre her, wussten wir nicht, ob es uns gelingen würde, das angepeilte Ziel noch vor dem Abend zu erreichen. Um nicht einem Hotel in letzter Minute absagen zu müssen, hatten wir darauf verzichtet, Zimmer zu reservieren. Doch wir schafften das fast Unmögliche und erreichten unser Reiseziel spätabends. Mein Lieblingshotel aber war bis auf zwei Zimmer ausgebucht. Statt uns alle nun einfach mit Bedauern wieder auf die Suche zu schicken, griff die Dame an der Rezeption zum Telefon. Ein kurzes Gespräch später hatte sie eine gute Nachricht für uns: Sie hatte mit dem Besitzer eines befreundeten Hotels gesprochen. Das fragliche Hotel war nur etwa zweihundert Meter entfernt und konnte uns Zimmer für die restlichen Mitreisenden zur Verfügung stellen. Obwohl die andere Unterkunft eigentlich in eine bessere Kategorie eingestuft war und daher normalerweise teurer gewesen wäre, sollten für uns trotzdem die gewohnten Preise meiner Lieblingsunterkunft gelten. Bevor nun die Hotelbesitzerin ihren Sohn damit beauftragte, uns in das neue Hotel zu begleiten, lud sie uns ganz selbstverständlich ein, alle gemeinsam das Frühstück bei ihr im Haus einzunehmen.

Diese Situation ist nur ein Beispiel, doch ich habe oft und mit Erstaunen in vielen asiatischen Ländern festgestellt, dass man dort die Notlage anderer Menschen nicht zum eigenen Gewinn ausnutzt. Einmal hatte ich bei einem Ausflug aus Unwissenheit den letzten Zug versäumt, so dass ich nicht zu meiner einhundertfünfzig Kilometer entfernten Unterkunft – und zu meinem Gepäck – zurückkehren konnte. Als ich einem Taxifahrer mein Unglück schilderte, erklärte er sich spontan dazu bereit, mich die Strecke zu einem äußerst fairen Preis zu fahren. Das war eine erstaunliche Geste – gerade weil ich nicht in der Situation war zu verhandeln.

Ganz uneigennützig haben sich natürlich weder der Taxifahrer noch die Hotelbesitzer verhalten. Doch statt zu versuchen, sich am Problem des jeweils anderen zu bereichern, haben beide unkompliziert geholfen. Eine erstaunlich neidlose Vorgehensweise, von der jeder einen Vorteil hatte. In allen anderen Fällen hätte nämlich ausschließlich ein Dritter verdient.

Wann haben Sie das letzte Mal auf ein Geschäft verzichtet, nur um nicht mit dem Mitbewerber teilen zu müssen?

七十九

Tue es jetzt

Wenn ich erzähle, dass ich seit mittlerweile fünfundzwanzig Jahren den asiatischen Kontinent bereise, ruft das meist Begeisterung hervor. »Wow, Asien! Da muss ich auch unbedingt irgendwann einmal hinfahren!«
Wenn ich das höre, weiß ich sofort: Das wird nie etwas. Erstens, weil man nicht nach Asien fahren muss, sondern möchte. Und zweitens, weil man ohnehin schon so vieles muss. Zum Beispiel den Hobbys nachgehen, sich mehr Zeit für sich selbst und das nehmen, was man gerne täte. Oder man muss endlich das eigene Leben verändern und einmal so leben, wie man es eigentlich schon immer wollte. Zwar muss man dies alles nun wirklich nicht gleich heute, nicht morgen und auch nicht nächste Woche tun. Aber irgendwann, das wäre schön.
Oft frage ich mich, ob diesen Menschen eigentlich bewusst ist, dass sie all das, was sie »irgendwann tun müssen«, nie wirklich tun werden. Denn obwohl das Wort »irgendwann« längst nicht so weh tut wie »niemals«, bedeutet es am Ende doch das Gleiche. Wann genau ist nämlich irgendwann?
Offensichtlich sind wir Europäer mit diesem Problem nicht alleine. Bereits vor zweieinhalbtausend Jahren wurde dem großen chinesischen Philosophen Laozi der Ausspruch zugeschrieben: »Auch eine zehntausend Li lange Reise beginnt unter deinem Fuß.«

Es macht keinen Sinn, wollte uns Laozi damit sagen, darauf zu warten, dass jemand anderer uns auf eine Reise tragen wird!

Auch wenn die alte chinesische Maßeinheit des Li längst dem Meter gewichen ist, hat sich an dem grundlegenden Problem bis heute nichts geändert. Menschen, so habe ich manchmal das Gefühl, hassen es, sich für etwas zu entscheiden. Lieber haben sie die theoretische Möglichkeit, aus zehn Wegen auswählen zu können, als die praktische Entscheidung zu treffen, einen tatsächlich zu beschreiten. Was nur den allerwenigsten dabei klar ist: Sie bleiben am Ende aus diesem Grund genau dort, wo sie gerade sind.

In dieser Denkweise hat wohl auch die große Faszination, die Geld auf viele Menschen ausübt, ihre Ursache. Da man es zumindest in der Theorie gegen alles eintauschen kann, bleibt das angenehme Gefühl, sich gegebenenfalls die Welt kaufen zu können.

Tut man das aber am Ende nicht, sondern hortet das Geld nur für »irgendwann«, so verliert auch die größte Summe eines Tages ihren Wert.

Wer im »Irgendwann« lebt, ist wie ein Investor, der gebannt auf die fallenden Kurse seine Aktien schaut und inständig hofft, dass irgendjemand etwas tun wird, damit sie wieder steigen.

Verstehen Sie mich richtig: Es geht hier nicht um die Frage, ob jemand nach Asien, nach Amerika oder sonst wohin fährt oder wann Sie das tun, wovon Sie schon ewig träumen. Ich möchte Sie nur darauf aufmerksam machen, dass Sie sich mit all diesen Dingen, die Sie eigentlich irgendwann ganz unbedingt einmal tun müssten, ohne es wirklich zu wollen, nur den Kopf befüllen.

Wer solche Gedankengebäude nicht radikal beseitigt, lenkt sich selbst von den unglaublich vielen Möglichkeiten und Chancen ab, die ihm der gegenwärtige Moment zu bieten hat. Denn auch diese sollte man schließlich ergreifen, solange sie vorhanden sind.

Was müssen Sie unbedingt demnächst tun?

Unterstütze Kritikkultur

Als es in China eines Tages in der Zeit des großen Vorsitzenden Mao Zedong eine katastrophale Missernte gab, wusste dieser umgehend, was die Ursache und was dagegen zu tun war. »Die Vögel haben Schuld, dass es nichts zu essen gibt«, erkannte Mao. »Sie fressen die Samen und vernichten damit unsere Ernte. Lasst sie uns loswerden, dann verschwinden auch unsere Probleme.« Die Landbewohner erhielten die Anweisung zu verhindern, dass die Vögel sich ausruhen konnten. Denn dann, so Maos Überlegung, würden diese bald vor Erschöpfung sterben.
Die Weisung hatte Peking noch gar nicht richtig verlassen, da wurde sie auch schon von der Landbevölkerung mit großer Begeisterung umgesetzt. Bewaffnet mit Töpfen und Kochlöffeln, Schellen und allem, was irgendwie dazu geeignet schien, Lärm zu erzeugen, strömten die Bäuerinnen und Bauern auf die Felder. Dort begannen sie zu rasseln und zu trommeln, was das Zeug hielt, und versetzten die Vögel in Angst und Schrecken. Wie von Mao vorausgesagt, fielen die Tiere, denen jede Möglichkeit auf eine kurze Ruhepause am Boden genommen wurde, kurz darauf tot vom Himmel. In den Jubel der Bevölkerung über so viel Weisheit stimmten auch Raupen, Maden und diverses andere Ungeziefer ein, die wohl kaum glauben konnten, plötzlich keinerlei natürliche Feinde mehr zu haben, und die sich plötzlich in

einer Geschwindigkeit vermehrten, die wohl selbst den großen Vorsitzenden erstaunte. Über die Auswirkungen dieser und einiger anderer Aktionen, welche von den Politikern damals unter dem Namen »Der große Sprung nach vorn« zusammengefasst wurden, streiten sich Historiker bis heute. Jedenfalls wird die Zahl der Menschen, die infolge der Kampagne verhungert sind, auf zwischen fünfzehn und fünfundvierzig Millionen geschätzt. Deng Xiaoping, damals ein Weggefährte Maos, sollte später dazu sagen: »Maos Hirn ist damals heißgelaufen. Unsere Köpfe aber auch. Keiner hat ihm widersprochen, auch ich nicht.«

Mao war nicht der Einzige, der das Problem hatte, dass seine Untergebenen seine Befehle ausführten, obwohl sie sicher einigen von ihnen sinnlos erschienen. Entgegen einer weitverbreiteten Annahme hinterfragen Menschen Anweisungen nicht grundsätzlich, bevor sie diese umsetzen. Ganz im Gegenteil: Kommt der Befehl von einer Stelle, die der Adressat als Autorität anerkennt, wird sie ohne weitere Überlegung in die Tat umgesetzt. Anders wäre es auch nicht zu erklären, dass Autofahrer, denen das Navigationssystem anordnet, über eine Treppe zu fahren, anschließend von der Feuerwehr geborgen werden müssen.

Es ist eine oft verkannte menschliche Schwäche, dass wir Autoritäten lieben. Auch wenn uns eine von höherer Stelle erteilte Weisung noch so eigenartig vorkommt, reden wir uns gerne damit heraus, der andere werde schon wissen, was er tue. Wir einfachen Menschen hätten nicht den Einblick, um das große Ganze zu verstehen.

Diese Tatsache gilt auch für jene Menschen, mit denen Sie im Alltag zu tun haben. Wer Sie als Autorität anerkennt, wird ohne Rückfrage tun, was Sie sagen. Das hat sicher weniger damit zu tun, dass man Sie fürchtet, als vielmehr mit Bequemlichkeit. Wozu selbst denken, wenn es mir ein anderer abnimmt? Für eine Führungskraft bedeutet das, zu verstehen und zu akzeptieren, dass jede Kritik Arbeit bedeutet und nur derjenige ihrer würdig ist, der sie ausdrücklich genug einfordert.

Etablieren Sie in Ihrem Umfeld eine Form der Kritikkultur, in der man lieber einmal zu viel nachfragt als einmal zu wenig. Denn wenn Sie das erste Mal von einem Mitarbeiter hören: »Natürlich ist mir diese Anweisung irgendwie unsinnig erschienen. Aber ich war mir sicher, Sie als Chef hätten sich etwas dabei gedacht!«, wissen Sie, dass etwas gehörig schiefläuft. Auch wenn es nicht immer angenehm ist und manchmal durchaus nervig sein kann: Ermuntern Sie Ihre Mitarbeiter, Entscheidungen selbst dann zu hinterfragen, wenn diese von ganz oben kommen. Und schaffen Sie bewusst ein Klima, in dem es möglich ist, auch Sie zu kritisieren. Das Ergebnis sehen Sie spätestens bei der nächsten Ernte.

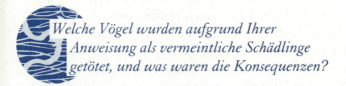

Welche Vögel wurden aufgrund Ihrer Anweisung als vermeintliche Schädlinge getötet, und was waren die Konsequenzen?

ÜBERNIMM KEINE VERANTWORTUNG

Privat soll Darsham Singh ein sehr netter Mann sein. Er ist jemand, der auf Fotos immer lacht, eine tolle Familie mit wunderbaren Enkelkindern hat und als ausgesprochen umgänglich gilt. Vor Jahren ist er vom Sikhismus zum Islam konvertiert, glaubt aber weiterhin an ein Leben nach dem Tod und an die totale Rehabilitation von Verbrechern. Irgendwie passt das auf den ersten Blick gar nicht zu dem, womit Singh sein Geld verdient: Sein Beruf ist das Töten. So hat er, wie er stolz erzählt, für seinen Auftraggeber über achthundert Menschen ins Jenseits befördert. Einmal sogar achtzehn an einem Tag. Den fünfhundertsten Toten feierte er mit seinen Kollegen und einer Flasche Chivas Regal. Nein, Darsham Singh ist nicht der Chef-Killer eines Triadenclans. Er war über fünfzig Jahre lang der Henker von Singapur.

Ich habe mich oft gefragt, wie man jemanden wohl dafür gewinnen kann, ohne Not und irgendwelche moralischen Bedenken einen anderen Menschen zu töten. Anfänglich hatte ich angenommen, der Beruf des Scharfrichters werde ausschließlich von Menschen ausgeführt, die in dieser Beziehung schon aus der Kindheit eine entsprechende Prägung und ohnehin einen gewissen Hang zur Gewalt hätten – ein Zusammenhang, den es aber in dieser Form offensichtlich überhaupt nicht gibt.

Stellen Sie sich nämlich nur einmal vor, ein Mensch hätte massive Probleme mit einer Person aus seinem Umfeld. Doch obwohl er diese Person insgeheim zur Hölle wünscht, ist er zu feige, den Gegner selbst aus dem Weg zu räumen. In seiner Not kontaktiert er nun Darsham Singh, einen durchaus erfahrenen Spezialisten auf diesem Gebiet, und bietet ihm an, ihn für die übliche Bezahlung mit dem Job zu beauftragen. Selbstredend würde Singh das Ansinnen hochgradig entrüstet ablehnen. Er sei doch kein Mörder! Dabei hat Singh an ungezählten Freitagen pünktlich um sechs Uhr in der Früh die Falltür des Galgens im Changi-Gefängnis gelöst und Menschen in den Tod stürzen lassen.

Worin aber liegt nun der Unterschied zwischen dem Mordauftrag und all den anderen Tötungen, mit denen er sonst sein Geld verdient? Töten als solches ist für ihn kein Problem, das hat er oft genug bewiesen. Doch selbst wenn man ihm glaubhaft versicherte, er werde niemals für einen Auftrag zur Rechenschaft gezogen werden: Er würde diesen Mordauftrag nie annehmen. Denn dann müsste er sich ja als Mörder fühlen.

Der Unterschied liegt auf der Hand: Das eine sind Hinrichtungen, das andere aber wäre vorsätzlicher Mord und im Gegensatz zu einem richterlich verfügten Todesurteil durch kein Gesetz gedeckt. Und genau hier liegt nun der springende Punkt: Ein Henker, der ohne staatlichen Auftrag tötet, wäre für sein Handeln vor sich selbst verantwortlich. Er müsste seine eigenen moralischen Grenzen ausloten, selbst eine Entscheidung treffen. Doch sobald es gelingt, jemandem das Gefühl zu geben, er führe ja nur Befehle aus und könne daher die Verantwortung für sein Tun auf andere abschieben, handelt die betroffene

Person plötzlich auch durchaus gegen die eigenen Moralvorstellungen.

Achten Sie also stets darauf, wofür Sie – auch nur vermeintlich – die Verantwortung übernehmen. Ansonsten könnte es Ihnen nämlich passieren, dass Sie einen eigentlich sehr netten Familienvater zum Henker machen.

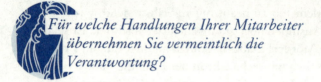

Für welche Handlungen Ihrer Mitarbeiter übernehmen Sie vermeintlich die Verantwortung?

Vereinheitliche Kommunikation

Wer als Reisender das erste Mal in jene etwas entlegeneren Gegenden Chinas kommt, in denen die Menschen keine fremden Sprachen sprechen, erlebt oft eine Überraschung. Die Einheimischen wenden sich an den Fremden nämlich ohne Umschweife auf Chinesisch, ganz so, als seien Kenntnisse ihrer Sprache die selbstverständlichste Sache der Welt. Zuckt der Betroffene daraufhin nur verständnislos die Schultern, verschwindet sein Gesprächspartner, um kurz darauf mit Bleistift und Papier wiederzukommen. Darauf notiert er die Frage und reicht die Schreibutensilien mit der Aufforderung, doch zu antworten, an den Ausländer weiter. Deutet der nun an, auch dieser Form der Konversation nicht folgen zu können, beginnt sich sein Gegenüber ernsthaft zu sorgen. Meist schreibt er nach kurzer Überlegung die Frage noch mit anderen Zeichen auf, bevor er irritiert lächelnd die Unterhaltung beendet.

Ich wunderte mich eines Tages laut darüber, dass ich zwar ab und an für meine Sprachkenntnisse gelobt wurde, sich umgekehrt aber niemals jemand dazu äußerte, dass ich die für einen Ausländer sehr aufwendigen Schriftzeichen gelernt hatte. Bis ich eines Tages erfuhr, warum das so ist: Viele Chinesen wissen überhaupt nicht, dass es Länder gibt, in denen nicht mit ihren Zeichen geschrieben wird. Daher auch der wiederholte Versuch, sich zumindest schriftlich mit einem fremd aussehenden Menschen zu verständigen!

Grundsätzlich ist die Annahme, auch Europäer würden schreiben wie Chinesen, gar nicht so unsinnig, wie sie für uns vielleicht klingt. Anstelle von Buchstaben, die einzelne Laute repräsentieren, verwendet man im Chinesischen nämlich mehrere tausend Zeichen, von denen jedes einzelne ein Bild repräsentiert. Daher könnte man theoretisch jede Konversation in jeder Sprache der Welt damit so zu Papier bringen, dass jeder, der die Zeichen kennt, das Geschriebene lesen und verstehen kann. Genial, nicht wahr?

Ihren Ursprung hatte diese Trennung von Sprache und Schrift in der Idee, dass sich einst die Könige möglichst im ganzen Reich verständlich machen wollten. Wer als Herrscher nämlich erfolgreich einem Staat von der Größe und Völkervielfalt des chinesischen Reiches vorstehen wollte, musste sicherstellen, dass jeder Untertan auch verstand, was er verstehen sollte.

Eine Aufgabe, die sich aus zwei Gründen gar nicht so einfach darstellt, wie sie klingt. Zum einen gibt es im Hochchinesischen nur etwa vierhundertfünfzig verschiedene Silben, aus denen alle Worte gebildet werden. Die dadurch bedingten unzähligen Mehrfachbelegungen sind zwar in der gesprochenen Sprache aus dem Zusammenhang erkennbar, wären aber in Schriftform oft schwierig zu interpretieren. So bedeutet beispielsweise das Wort »sì« im vierten Ton gesprochen sowohl »Tempel« als auch »vier«, »erscheinen« oder »brüten«, »mästen«. Fragte ich Sie nun – aus dem Zusammenhang gerissen – nach einer Übersetzung, so wäre das unmöglich.

Durch die Verwendung der Schriftzeichen bekommt nun jedes dieser beiden Worte sein eindeutiges, unverwechselbares Symbol.

Zum anderen kommt hinzu, dass es in China zwar in der Theorie so etwas wie eine standardisierte Sprache gibt. Doch dieses erwähnte Hochchinesisch, das sogenannte Mandarin – das Wort leitet sich vom portugiesischen Wort für »Minister« ab –, wird bei weitem nicht von allen Menschen verstanden. In vielen Regionen sind die Dialekte so stark ausgeprägt, dass sie als eigene Sprachen angesehen werden. Selbst von Mao Zedong war bekannt, dass er Hochchinesisch nur mit Mühe und starkem Akzent sprechen konnte, weil seine Muttersprache Xiang so sehr davon abwich.

Einmal erzählte mir ein Shaolin-Mönch, dass seine Brüder aus der Heimat Anhui nach Shanghai umgezogen seien. Käme er nun dorthin auf Besuch und wolle mit seinen dortigen Landsleuten sprechen, benötige er aber entweder die Hilfe seiner Brüder beim Übersetzen oder er müsse schriftlich kommunizieren. Wobei der schriftliche Austausch, so versicherte er mir, immer funktioniere. Ebenso wie er auch noch heute, über zweieinhalbtausend Jahre nach ihrer Entstehung, die Originalwerke des Konfuzius lesen könne. Die Aussprache, so meinte er, habe sich zwar verändert. Aber die Zeichen seien geblieben.

Natürlich bedingt diese Art der Kommunikation eine recht einfach strukturierte Sprache, wie es das Chinesische ist. Aber ob in Asien oder in Europa: Wo ein Inhalt beim Empfänger so ankommen muss, wie wir ihn absenden, sollten wir ihn ohnehin auf das garantiert für alle verständliche Minimum reduzieren. Klare, genau definierte Symbole und Begriffe statt des berühmten verschnörkelten, missverständlichen Herumredens um den heißen Brei. Glauben Sie mir, es funktioniert. China beweist das seit dreitausend Jahren.

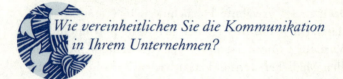

Wie vereinheitlichen Sie die Kommunikation in Ihrem Unternehmen?

Bleibe flexibel

Grundsätzlich genieße ich es auf Reisen sehr, mich manchmal nicht mit Worten verständigen zu können. Denn auch wenn ich immer darauf achte, die wichtigsten Worte wie »danke«, »bitte« sowie Begrüßung und Verabschiedung in der jeweiligen Landessprache sagen zu können, muss ich mich immer noch oft mit Händen, Füßen und sonstigen Hilfsmitteln verständlich machen. Natürlich funktioniert die Kommunikation dabei nicht immer reibungslos, aber gerade das ist es, was seit vielen Jahren das Reisen für mich so besonders macht. Selbst die unvermeidbaren Missverständnisse sind meist nur ein Grund, um gemeinsam zu lachen.

Vor allem in Gegenden, in welche viele Touristen kommen, sind die Einheimischen mittlerweile gut auf Reisende wie mich vorbereitet und präsentieren meist stolz ihre englischsprachige oder auch französische Speisekarte. Aus dieser wählt man das gewünschte Gericht, indem man mit dem Finger auf die Zeile in der Landessprache zeigt, die sich meist direkt unter der Übersetzung befindet. Diese Art der Kommunikation, für die es genau genommen keine Worte braucht, ist erstaunlich effektiv, und wir Reisenden bekommen fast immer das, was wir uns wünschen. Das funktioniert manchmal sogar besser, als wenn wir versuchen, uns über eine dritte Sprache, also Englisch, zu verständigen. Nur zu gut erinnere ich mich noch daran, einmal ein Red Bull bestellt und einen »Fruit Plate«, also einen Früchteteller, bekommen zu haben. Zugegeben: Auch das hat mich automatisch munter gemacht.

Eines Abends bestellte ich in Saigon auf die bewährte Art einen Orangensaft. Die Kellnerin, ein junges, über das ganze Gesicht strahlendes Mädchen, nahm meine Order nickend zur Kenntnis und ging in die Küche. Ich war gerade in ein Buch vertieft, als ich merkte, dass mich jemand am Arm packte. Ich schaute auf, und vor mir stand die Bedienung, die mich mit fragendem Gesicht anschaute. Mit einem leichten Kopfschütteln deutete ich ihr an, dass ich ihre Frage entweder nicht gehört oder nicht verstanden hatte. Wortlos zeigte sie auf das Saftglas in ihrer Hand und deutete dann mit den Armen vor dem Körper an, vor Kälte zu zittern. Dann wieder ein fragender Blick. In diesem Moment fiel mir auf, dass die anderen durchweg ausländischen Gäste in dem brechend vollen Lokal mich gespannt beobachten. Ich schüttelte nur ablehnend den Kopf, lächelte zum Dank freundlich, und die Kellnerin stellte zufrieden den Saft vor mir ab. Auch wenn sich die hygienischen Bedingungen in Asien mittlerweile durchaus gebessert haben, ist Wasser für einen vorsichtigen Reisenden immer noch ein Tabu. Daher lehne ich Getränke mit Eiswürfeln grundsätzlich ab.

Als ich nachher mit ein paar Mitreisenden ins Gespräch kam, stellte ich fest, dass die meisten Gäste ausschließlich wegen der taubstummen Kellnerin gekommen waren. Nicht nur weil diese sehr freundlich war, sondern auch weil es irgendwie faszinierend war zu sehen, mit welcher Selbstverständlichkeit sie mit den Gästen kommunizierte. Sofort stellte ich mir vor, wie wohl ein Vorstellungs-

gespräch in Europa ablaufen würde, in dem sich ein ge-
hörloser Mensch um einen Job als Servicekraft bewirbt.
Hätte man ihn dort wohl genauso selbstverständlich eingestellt wie in Vietnam? Oder hätte man ihn abgelehnt,
weil er nicht in ein vorgefertigtes Schema passt? Wer so
denkt, bringt sich nicht nur um eine Menge Kunden. Er
verzichtet auch auf die Freude, von einem so außerge-
wöhnlichen Menschen lernen zu dürfen.

*Welchen eigentlich nützlichen Menschen lehnen
Sie ab, weil er nicht Ihren Vorstellungen
entspricht?*

Erwarte das Unerwartete

Man schrieb gerade das Jahr 728 als ein chinesischer Kaiser in schlimme Bedrängnis kam. Einer seiner Generäle, der eine Einheit von über zwanzigtausend Elitesoldaten befehligte, hatte ihn nach einem Putsch gefangen gesetzt. In seiner Not gelang es dem Kaiser, einen dringenden Hilferuf an das legendäre Shaolin-Kloster abzusetzen – und tatsächlich entschied sich der dortige Abt kurz darauf, dem Kaiser zu helfen. Doch statt, wie man es jetzt wahrscheinlich erwartet hätte, eine mindestens ebenso große Armee in die Schlacht zu schicken, entsandte der Klostervorsteher dreizehn ausgewählte Mönche. Diese sicherten sich zuallererst die Unterstützung der Bauern, die dem General ohnehin feindselig gegenüberstanden. Nachdem die Landbevölkerung aber weder über besondere Kampfkraft noch über Waffen verfügte, lehrten die dreizehn Kämpfer aus Shaolin sie die Kunst der Improvisation. Alles, so erfuhren die Feldarbeiter, kann man als Waffe benutzen. So wurde aus dem Dreschflegel die berühmte »dreiteilige Stange«, die heute aus dem Arsenal asiatischer Kampfsportarten nicht mehr wegzudenken ist, und auch anderes landwirtschaftliches Zubehör wurde zum Kriegsgerät umfunktioniert. Mit derlei Hilfsmitteln ausgerüstet, führten die Kampfmönche die Bauern in die Schlacht. Und tatsächlich gelang es ihnen innerhalb kurzer Zeit, den Kaiser zu befreien.

Im Shaolin-Kloster hat die Kunst der Improvisation eine lange Tradition. So gehört ein recht ungleicher Kampf seit jeher zu der berüchtigten Abschlussprüfung, nach der sich ein Prüfling Meister nennen durfte. Ihm stand nur eine kleine Holzbank zur Verfügung, um sich fünf Minuten lang gegen seine mit Schwertern und Speeren bewaffneten Mitbrüder zu verteidigen. Bis zum heutigen Tag beherrschen die Mönche diese durchaus ungewöhnliche Form des Kampfes, wie ich am eigenen Leib erfahren durfte. Ich hatte während eines Seminars Meister Shi Yan Bao gebeten, den Teilnehmern zu demonstrieren, wie man einen simplen Stuhl als Waffe einsetzt. Noch heute erinnere ich mich gut an die effektive und durchaus schmerzhafte Vorführung. Um mich auf Distanz zu halten, packte der Shaolin-Mönch den Sessel an der Lehne und richtete die vier metallenen Beine gegen mich. Auf einmal trat er blitzartig einen Schritt auf mich zu, und die Stuhlbeine und die Unterseite der Sitzfläche umfassten mich wie ein Käfig, aus dem es kein Entkommen gab. Als er schließlich begann, den Stuhl zu drehen und mir die Metallstangen mit erstaunlicher Kraft gegen den Körper zu drücken, winkte ich ab … Ich habe daraus mehr gelernt als den Einsatz eines Stuhls im Kampf. Für mich ist spätestens seit dieser Demonstration klar: Wer wirklich siegen möchte, muss bereit sein, auch das Unerwartete zu akzeptieren.

Manchmal erzählt man mir, ein Gegner habe keinerlei Chance zu siegen, da er sonst gegen geltendes Gesetz verstoßen müsse. Wie sehr hier der Wunsch der Vater des Gedankens ist, erkennt man daran, dass es ja auch verboten ist, einen Menschen zu töten oder ihn zu bestehlen. Heißt das aber tatsächlich, dass weder Diebstahl noch

Totschlag vorkommen? Verstehen Sie mich bitte nicht falsch, ich rufe hier nicht zum Kampf auf Leben und Tod auf. Ich möchte Sie aber auf eines aufmerksam machen: Wer unbewaffnet aussieht, muss es noch lange nicht sein. Wer das nicht versteht, der verliert. Denken Sie nur an das Erstaunen des putschenden Generals, als die vermeintlich waffenlosen, kampfunerfahrenen Bauern plötzlich unter der Führung der Shaolin-Mönche anrückten und den Kaiser befreiten! Nutzen Sie das Vorhandene und erwarten Sie auch das Unerwartete. Andernfalls tut das nämlich sehr wahrscheinlich Ihr Gegner.

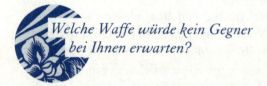

Welche Waffe würde kein Gegner bei Ihnen erwarten?

Lebe im Hier und Jetzt

Mit einer gewissen Sentimentalität stelle ich immer wieder fest, dass mit dem Vormarsch von Internet und Mobiltelefon die persönlichen Gespräche zwischen Reisenden in den letzten Jahren rapide abgenommen haben. Tauschte man sich früher beim gemeinsamen Frühstück mit Menschen aus der ganzen Welt über Ziele, Gefahren oder etwa über unfreundliche Zöllner aus, sitzt heute jeder alleine über seinem Smartphone und chattet mit Bekannten daheim. Kommt es dennoch zu einem Gespräch zwischen zwei Rucksackreisenden, so läuft dieses meist nach dem immer gleichen, für mich erstaunlichen Schema ab. Sofort nach der gegenseitigen Begrüßung stellt nämlich mit großer Wahrscheinlichkeit einer die Frage: »Und wann geht es wieder zurück nach Hause?« Nun habe ich in solchen Situationen aufgrund meines wunderbaren Berufes die Freiheit zu antworten: »Das weiß ich noch nicht. Je nachdem. Das mache ich ganz so, wie es mir gefällt!« Sobald mein Gesprächspartner den Schock über die Tatsache überwunden hat, dass es tatsächlich noch Menschen gibt, die selbst frei über ihre Zeit entscheiden, folgt umgehend die Frage: »Und wohin fährst du als Nächstes?«

Was mich daran traurig stimmt? Dass niemand mehr auf die Idee kommt zu fragen: »Wie gefällt es dir, wo du gerade bist?« Jeder erkundigt sich vielmehr nur nach dem, was möglicherweise sein wird – der Rückreise oder der Weiterreise. Irgendwie haben wir verlernt, dort zu leben, wo wir gerade sind. Es zu genießen, an dem Ort zu sein, an dem wir uns aufhalten. Wir überlagern unsere Gegenwart so sehr mit Gedanken an eine ungewisse Zukunft, dass wir das, was sich um uns herum tut, gar nicht mehr bemerken. Das ist schade, denn uns gehen viele wunderbare Momente verloren.

Für mich steckt aber noch mehr dahinter: Wir machen uns angreifbar. Nicht umsonst, so denke ich oft bei mir, haben die Mönche des Klosters Shaolin versucht, von den Tieren zu lernen. Da diesen, wie bereits in einem der vorigen Kapitel beschrieben, so etwas wie menschliches Bewusstsein fehlt, haben sie keine andere Möglichkeit, als in der Gegenwart zu leben. Zukunft – und die Angst vor ihr – entstehen ausschließlich in unserem Kopf. So überlegt sich beispielsweise kein Tiger, was er am nächsten Tag essen wird. Einfach weil er gar nicht weiß, dass es einen nächsten Tag gibt. Er vertraut darauf, dass er etwas zu essen finden wird. Was aber, mögen Sie nun einwenden, wenn das Tier drei Wochen lang keine Nahrung findet? Dann, da gebe ich Ihnen völlig recht, verhungert es. Aber der vorausschauende Mensch, der drei Wochen lang nichts zu essen hat, der stirbt auch. Mit dem Unterschied, dass er sich viele Tage mit Sorgen und Gedanken gequält hat.

Wenn wir uns das richtig bewusst machen, verfügen wir mit der Fähigkeit, das Denken anderer Menschen auf die Zukunft zu lenken, über eine unglaublich starke Waffe, mit der wir anderen vieles nehmen können. Das klingt dann so: »Ich glaube Ihnen schon, Herr M., dass Sie als Ihr eigener Chef ein viel lockeres Leben hätten als bei uns. Aber wenn Sie sich jetzt selbständig machen, haben Sie schon einmal darüber nachgedacht, wie sich das auf Ihre Pension auswirken könnte?« Natürlich muss man sich auch ab und zu Gedanken über das machen, was kommen wird. Sonst gäbe es keine Entwicklung. Aber deswegen muss man doch nicht gleich in der Zukunft leben! Ich habe mir angewöhnt, nur dann über das nachzudenken, was möglicherweise auf mich zukommt, wenn ich mit großer Sicherheit davon ausgehen kann, dass ich im Hier und Jetzt nichts versäume. Alle anderen Augenblicke genieße ich nach Möglichkeit genau dort, wo ich gerade bin.

Was macht es so schwierig,
im Hier und Jetzt zu leben?

Gewähre Freiraum

Zu den beeindruckendsten Touren, die man im Südosten Asiens unternehmen kann, zählt für mich, wie schon beschrieben, die Bootsfahrt von Siem Reap nach Kambodschas Hauptstadt Phnom Penh. Auch wenn die Fahrt in dem engen Boot zugegebenermaßen etwas mühsam ist, ist das Erlebnis die Anstrengung durchaus wert. Wer nämlich einmal gesehen hat, wie sich gleich zu Beginn der Fahrt die Silhouetten der Fischer in ihren Booten vor der aufgehenden Sonne abzeichnen, vergisst das nie. Wenn das Boot nach etwa einer Stunde Fahrt durch kleine Kanäle den größten See Südostasiens, den Tonle Sap, erreicht, wird die Sache etwas eintöniger. Der Kapitän beschleunigt das Schiff auf einhundert Stundenkilometer und mehr und steuert einen schnurgeraden Kurs.

Reisende, denen es in der Kabine zu eng wird, haben allerdings die Möglichkeit, auf dem Schiffsdach Platz zu nehmen und sich dort zu sonnen. Nun handelt es sich bei diesem Dach um eine kleine, leicht abfallende Fläche, die weder durch ein Geländer noch sonst irgendwie geschützt ist. Wer nicht herunterfallen möchte, muss sich gut festhalten. Doch schon der Aufstieg auf diese ursprünglich nicht für Passagiere gedachte Fläche ist eine halsbrecherische Aktion – und infolge des hohen Tempos durchaus riskant. Immer wieder habe ich mich laut gewundert, dass die Behörden diese Praxis nicht längst verboten haben.

Darauf angesprochen, meinte einmal ein über meine Frage offensichtlich erstaunter Bootsführer, dass es noch nie zu Zwischenfällen gekommen sei. Warum also sollte man es verbieten? Die Gefahr sei offensichtlich, und wer herumklettere, wisse wohl selbst, worauf er sich einlässt.

Wahrscheinlich, so habe ich mir damals gedacht, geben nicht in Kambodscha die Behörden den Menschen zu viel Freiheit, sondern trauen wir ihnen hier zu wenig zu. Tatsächlich reduziert man dort, wo einem jede Verantwortung genommen wird, die Aufmerksamkeit. Wenn sich ohnehin andere Menschen darum kümmern, warum soll ich dann selbst Zeit und Kraft darauf verschwenden, aufzupassen?

Dieses Phänomen existiert in gleicher Form in unserem Berufsalltag. In vielen Firmen kontrollieren Kontrolleure eigens Kontrolleure, die Kontrolleure kontrollieren. Dass dadurch am Ende wirklich Fehler vermieden werden, wage ich zu bezweifeln. Oder glauben Sie ernsthaft, dass jemand ein Schreiben vor dem Versand sorgfältiger prüft, wenn er weiß, dass es ohnehin noch von vier Personen gegengelesen wird? Ich meine, das genaue Gegenteil ist der Fall: Wer weiß, dass er für seine Fehler allein verantwortlich ist, wird viel achtsamer sein.

Meistens macht es in meinen Augen also durchaus Sinn, Menschen Freiräume zu geben. Denn nur wer einem Mitmenschen Verantwortung überträgt, der lehrt ihn Achtsamkeit – und gibt ihm gleichzeitig die Möglichkeit, sein wirkliches Potenzial uneingeschränkt zu entfalten.

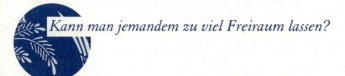

Kann man jemandem zu viel Freiraum lassen?

八十七

Hole deine Kunden ab

Wie schon erwähnt, ist in Asien für einen Individualreisenden die Rezeption seiner Unterkunft in fast allen Belangen die Anlaufstelle Nummer eins. So auch für den Erwerb von Fahrkarten für das in diesen Ländern meist weitverzweigte Busnetz. Der Kauf an der Rezeption funktioniert schnell und unkompliziert, und die Provision für die Vermittlung ist bereits im Ticketpreis enthalten. Für das Transportunternehmen ist das praktisch, da es ohne viel Aufwand sein Filialnetz um ein Vielfaches erweitert. Zusätzlich bringt dieses Verfahren auch für den Fahrgast einen Vorteil. Denn anders als in vielen anderen Gegenden der Welt begibt man sich in Asien üblicherweise nicht selbst zur Abfahrtsstelle. Vielmehr wird man an jenem Punkt abgeholt, an dem man das Ticket gekauft hat. Hat man dieses an der Rezeption gekauft, wartet man also einfach zur angegebenen Zeit in der Lobby oder vor der Unterkunft und wird dann von einem Mitarbeiter des Busunternehmers zum Bus gebracht. Ein Service, der mich fasziniert, seit ich das erste Mal in Asien unterwegs war. Dabei ist das im Grunde nichts anderes als die Umsetzung einer auch bei uns bekannten Idee in die Praxis: Der Kunde wird dort abgeholt, wo er gerade steht.

Nun sieht es auf den ersten Blick nach einem gewaltigen Mehraufwand für das Unternehmen aus, wenn es auf jeden Kunden individuell eingehen muss. Doch bei genauerem Hinsehen zeigt sich, dass diese Praxis eigentlich ausschließlich Vorteile hat. Der Kunde fühlt sich betreut und verstanden. Er genießt das wunderbare Gefühl, sich in einer fremden Stadt nicht erst überlegen zu müssen, wie er zum oft weit entfernten Busbahnhof kommt. Statt durch die schwüle Hitze einer asiatischen Großstadt zu irren oder zu versuchen, einen Taxifahrer zu überreden, auch wirklich den direkten Weg zu nehmen, steigt er in einen klimatisierten Kleinbus und wird völlig stresslos zur Abfahrtsstelle gebracht.

Diese gefühlte Sicherheit beschert den Busunternehmen wiederum eine große Zahl zusätzlicher Kunden. Je komplizierter es nämlich ist, an eine Leistung zu kommen, desto größer ist die Wahrscheinlichkeit, dass der Kunde auf sie verzichtet. Umgekehrt überzeugt dieser Service auch ängstliche Reisende: In die Hotellobby findet schließlich jeder. Gleichzeitig vergrößern sich Pünktlichkeit und Zuverlässigkeit des Busbetriebs, da das Transportunternehmen selbst festlegt, wann die Kunden das Hotel verlassen müssen, um rechtzeitig an der Abfahrtsstelle zu sein. Und nicht zuletzt sorgen die Hotels, die für diesen Service natürlich eine Provision bekommen, auf diesem Wege indirekt dafür, dass die Gäste lieber mit dem Bus fahren, statt mit der Bahn zu reisen.

Ein gutes Produkt anzubieten, so hat man in vielen Ländern Asiens schon früh erkannt, reicht heute nicht mehr. Denn ob Transportunternehmen oder Webshop: Wer wirklich Erfolg haben möchte, muss verstehen, was potenzielle Kunden davon abhalten könnte, das angebotene Produkt zu erwerben. Der Dienstleister muss alles tun, um erkannte Hindernisse zu beseitigen und den Käufern

den Erwerb der Ware oder Leistung so einfach und angenehm wie nur irgend möglich zu machen. Was am besten
funktioniert, wenn wir den Kunden dort abholen, wo er
gerade auf uns wartet.

Wo genau warten Ihre Kunden?

Sei achtsam für den Moment

Natürlich ist die Angleichung an die westliche Lebensart auch an Asien nicht spurlos vorbeigegangen, und doch bleibt eine Reise dorthin bis heute eine Fahrt in eine andere Welt. So benötigt man beispielsweise Stunden für vieles, was man zu Hause innerhalb von Minuten geregelt hat. Das hat nichts mit Bürokratie oder vorsätzlicher Verkomplizierung von Abläufen zu tun, sondern mit der schlichten Notwendigkeit, sich in einer fremden Umgebung zurechtzufinden. Das klingt anstrengend, und das ist es tatsächlich. Gleichzeitig ist es aber gerade das, was ich am Reisen in diese Gegend so unglaublich schätze. Diese Anstrengung zwingt mich nämlich, exakt dort zu leben, wo ich gerade bin. Geht die ganze Energie dafür drauf, Transportmittel, Unterkunft und Essen zu finden, bleibt keine Zeit dafür, sich über etwas Gedanken zu machen, das in diesem Moment ohnehin nicht relevant ist. Zusätzlich ist es in dieser fremden Umgebung vollkommen belanglos, was andere Menschen über einen denken, und man bekommt dadurch die wunderbare Möglichkeit, sich auf sich selbst zu konzentrieren. Meine Kleidung zum Beispiel muss zuallererst einmal für mich bequem sein und mir selbst gefallen. Nehme ich in der Früh ohne weitere Überlegung ein beliebiges gewaschenes T-Shirt aus dem Rucksack und ziehe dann eine der beiden Hosen und meine Sandalen an, wundere ich mich oft, wie viel Zeit ich in egal welchem europäischen Land damit vertue, irgendwelchen Konventionen zu genügen. Ein Europäer sieht dann gut aus, wenn er anderen gefällt. Viele Asiaten hingegen sehen gut aus, wenn sie selbst sich so fühlen. Zwanglos trifft dort bei öffentlichen Tanzabenden der zu Turnschuhen getragene Anzug auf Trainingshose und Stöckelschuhe, und niemand käme auf die Idee, den anderen als schlecht gekleidet zu empfinden.

So flexibel, wie der Tag mit dem Anziehen begonnen hat, geht er dann weiter. Denn auch wenn jeder Reisende ein ungefähres Programm im Kopf hat, weiß er gleichzeitig, dass man unterwegs nichts endgültig planen kann. So kommt es durchaus vor, dass sich die Fahrzeit zum nächsten Ziel von den angegebenen sechs Stunden auf dreizehn verlängert. Nicht nur wegen unvorhersehbarer Zwischenfälle, sondern weil die Reiseorganisationen in Asien die Erfahrung gemacht haben, dass kein Ausländer sich auf große Strapazen einlässt, wenn sie ihm vorher bekannt sind.

Gleichzeitig gibt einem diese Achtsamkeit für den Moment, die dadurch entsteht, dass man keine Pläne hat, eine erstaunliche Flexibilität. Wer sich nämlich nicht einbildet, auf Biegen und Brechen irgendwohin fahren zu müssen, kann auf die Gelegenheiten reagieren, die ihm der Augenblick bietet.

Gleichgültig, wo auf der Welt: Unterwegs sein bedeutet, den Moment zu genießen und darauf zu vertrauen, dass sich alles so fügen wird, wie man es braucht. Zugegeben: Etwas anderes bleibt einem ohnehin oft nicht übrig. Denn selbst bei akribischer Planung kann es vorkommen, dass der im Fahrplan vermerkte Bus zum nächsten Ziel einfach nicht fährt. Wer dann gedanklich schon dort war, der verzweifelt. Wer aber im Augenblick lebt, der fährt einfach woanders hin.

Was bedeutet: »Der Weg ist das Ziel«?

Lächle, und vergiss es

Als ich vor über zwanzig Jahren das erste Mal in China war, hat mich meine Reise unter anderem in die Stadt Xian geführt. Ich weiß das deshalb noch so genau, weil ich dort damals in einem Geschäft einen Satz gesehen habe, der mich bis heute begleitet. Unter einigen chinesischen Zeichen, die ich nicht verstand, stand auf Englisch geschrieben: »Lächle, und vergiss es«.
Nachdem ich den Laden verlassen hatte, begann ich darüber nachzudenken, was ich da gerade gelesen hatte. Zuerst kam es mir irgendwie komisch vor. Wie sollte das funktionieren, zu lächeln und etwas dann zu vergessen? Bis ich kurz darauf in eine Situation kam, die mir ziemlichen Ärger verursachte. Auch wenn ich nicht mehr genau weiß, worum es damals ging, erinnere ich mich noch gut, getan zu haben, was ich Ihnen am Anfang des Buches empfohlen habe: Ich zwang mich dazu, meinen Mund zu einem Lächeln zu verziehen und mir zu denken: »Lass es!« Im selben Moment stellte ich fest, dass mein Zorn verflogen war und mich weder die Angelegenheit noch der aus ihr resultierende Streit weiter interessierten. Seither trage ich diesen Satz mit mir herum. Das Wissen um die unglaubliche Wirkung von bewusstem Lächeln hat vieles in meinem Leben verändert. Doch Lächeln kann noch viel mehr. Oft kommt mir dabei der Text eines chinesischen Gelehrten über das Wasser in

den Sinn, den dieser vor fast tausend Jahren verfasst hat. »Von allen Elementen«, heißt es darin, »sollte der Weise sich das Wasser zum Lehrer wählen. Wasser gibt nach, aber erobert alles. Wasser löscht Feuer aus, oder wenn es geschlagen zu werden droht, flieht es als Dampf und formt sich neu. Wasser spült weiche Erde fort, oder wenn es auf Felsen trifft, sucht es einen Weg, sie zu umgehen. Es befeuchtet die Atmosphäre, so dass der Wind zur Ruhe kommt. Wasser gibt Hindernissen nach, doch seine Demut täuscht, denn keine Macht kann verhindern, dass es seinem vorbestimmten Lauf zum Meere folgt. Wasser erobert durch Nachgeben; es greift nie an, aber gewinnt immer die letzte Schlacht.«

Als mir die Idee für das vorliegende Buch kam, war meine ursprüngliche Titelidee »Lächle, und vergiss es«. Doch ein paar Diskussionen später wurde mir klar, dass dieser Titel wohl auf den ersten Blick falsch verstanden worden wäre. Zu real schien die Gefahr, Buchhändler wie Leser könnten beim Anblick des Buches zwar lächeln, sich dann aber dazu aufgefordert fühlen, es wieder zu vergessen. Doch auch wenn das Buch jetzt anders heißt, ist die Lehre hinter dem ursprünglichen Titel für mich so wahr wie am ersten Tag.

Achtundachtzig Wege asiatischer Gelassenheit haben wir jetzt gemeinsam beschritten. Mir bleibt noch, Ihnen danke zu sagen, dass Sie mich in die Gedankenwelt jenes Kontinents begleitet haben, der mich seit so vielen Jahren fasziniert. Doch soviel ich dort auch im Laufe der Jahre verstanden habe, so sehr wird mir das wahre Asien immer ein Geheimnis bleiben. Dennoch werde ich die Beschäftigung mit den großen und kleinen Einsichten, welche die Menschen in Asien so bereitwillig mit mir geteilt haben, nie aufgeben. Als mich ein chinesischer Freund einmal als »Europäer mit asiatischem Geist« bezeichnet hat, wusste ich: Die asiatische Denkungsart ist ein Teil von mir geworden.

Nehmen auch Sie sich ernst und wichtig, seien Sie achtsam mit Ihrer Sprache, gestatten Sie Wunder genauso wie Nichts-Tun und vergessen Sie nicht: Lächeln erobert durch Nachgeben. Es greift nie an, gewinnt aber immer die letzte Schlacht.

Ihr Bernhard Moestl
Brașov, Rumänien, im November 2014

Wem ich danke sagen möchte

Im September 1990 weckte mich der Kapitän des Olympic-Airways-Fluges von Sydney nach Athen mit den Worten: »Auf der rechten Seite sehen Sie jetzt die Lichter von Kuala Lumpur.« Ich starrte schlaftrunken auf die damals nur spärlich erleuchtete Hauptstadt Malaysias und wusste: Hierher möchte ich auf dem Landweg kommen. Auch wenn er wahrscheinlich nie erfahren wird, wie sehr diese Ansage mein Leben beeinflusst hat, möchte ich meine Danksagung mit diesem mir namentlich unbekannten Piloten beginnen.

Gewidmet ist dieses Buch mit Respekt und Dankbarkeit Marianne Mohatschek, die mich gelehrt hat, wie viel Freude selbst in den kleinsten Dingen steckt, wenn man nur bereit ist, diese zu sehen.

Gleichzeitig ist es eine tiefe Verneigung vor all jenen Menschen, die mir in den vielen Jahren, die ich in Asien verbringen durfte, begegnet sind und die indirekt dieses Buch geschrieben haben.

Da hinter der Entstehung eines solchen Werkes viel mehr Personen stehen, als Platz für die Danksagung vorgesehen ist, möchte ich mich an dieser Stelle stellvertretend für alle bei einigen von ihnen namentlich bedanken.

Wunderbare Ideen und Reflexionen kamen aus vielen Gesprächen mit Dagmar Cloos, Rainald Edel, Markus Gollner, Albert Klebel, Ioana Mihăiescu, Heidi Mischinger und Irene Nemeth, die meine Ansichten immer wieder kritisch hinterfragt haben, Andreas Schindl, der zu den spannendsten Menschen zählt, die ich in der letzten Zeit kennenlernen durfte, meinem Seniorpartner Gerhard Conzelmann, mit dem ich die Faszination für das Thema »Bewusstsein« und die Liebe zu Asien teile, meinem Mentor, dem Reiseleiter Alexander Kriegelstein, sowie den Shaolin-Mönchen Shi De Cheng und Shi Yan Yan.

Keines meiner Bücher gäbe es wohl ohne den chinesischen Kulturmanager Jian Wang, der mir meinen ersten Aufenthalt im Shaolin-Kloster ermöglicht und mich einmal als »Europäer mit asiatischem Geist« bezeichnet hat, sowie den Wiener Veranstaltungsmanager Herbert Fechter, der die Shaolin-Mönche und damit das Interesse für die Denkweise der Asiaten nach Europa gebracht hat.

Ein besonderes Danke sagen möchte ich meiner Lektorin Caroline Draeger, welche die Entstehung dieses Buches mit achtsamer Kritik und vielen Anregungen begleitet und mich wo nötig auch zur mehrfachen Überarbeitung angehalten hat. (Es macht unglaublich viel Freude, mit Ihnen zu arbeiten!)

Danke sagen möchte ich auch meinem Verleger Hans-Peter Übleis, der mir in vieler Hinsicht zum Vorbild geworden ist, sowie meiner früheren Lektorin Bettina Huber, die das Potenzial des Themas von Anfang an erkannt und mit mir vier tolle Bücher gemacht hat. Danke auch an Veronika Preisler für die liebevolle Gestaltung, an das Team des Knaur Verlages für die tolle Hintergrundarbeit und an alle Buchhändler für die oft so schöne Präsentation meiner Bücher.

Eine Danksagung wäre unvollständig ohne einen persönlichen Dank an meine verstorbene Großmutter Erika Möstl, durch die ich verstanden habe, worauf es im Leben wirklich ankommt.

Bleibt mir noch, mich bei Ihnen, liebe Leserinnen und Leser, zu bedanken. Es macht immer wieder Freude, für Sie zu schreiben.

Euch allen ein herzliches Danke. Es ist schön, dass es euch gibt.